AF359353

J. CHARBONNEL

INGÉNIEUR DES PONTS ET CHAUSSÉES

LA
LOI DU TRAPÈZE

PARIS

Vᵉ DUNOD ET Cⁱᵉ, ÉDITEURS

QUAI DES GRANDS-AUGUSTINS, 49

1900

LA LOI DU TRAPÈZE

J. CHARBONNEL

INGÉNIEUR DES PONTS ET CHAUSSÉES

LA
LOI DU TRAPÈZE

PARIS

Vᵉ DUNOD ET Cⁱᵉ, ÉDITEURS

QUAI DES GRANDS-AUGUSTINS, 49

1900

LA LOI DU TRAPÈZE

AVANT-PROPOS

Lorsqu'on cherche à résoudre la question de la répartition des pressions exercées par un solide invariable s'appuyant sur un plan rigide par plus de trois points ou par trois points situés sur une même ligne droite, on constate, comme l'on sait, que les règles de la statique laissent le problème indéterminé.

Pour expliquer cette indétermination, on enseigne habituellement qu'elle est due, non pas à l'insuffisance des principes connus de la statique, mais à l'hypothèse de la rigidité absolue des corps en contact, rigidité absolue qui n'existe pas dans la nature, dit-on, puisque tous les corps naturels sont déformables. D'où l'on conclut que, pour lever l'indétermination, il est nécessaire de faire entrer dans le calcul les actions mutuelles dues à la déformation des corps considérés.

Une semblable explication est des plus difficiles à comprendre. Il est bien évident que les corps absolument indéformables ne sont que des corps fictifs. Mais il en est de même de tous ceux que l'on envisage en statique, et cependant personne, que nous sachions, ne songe à mettre en doute l'exactitude mathématique des déductions tirées des principes de cette science.

La rigidité absolue des corps en contact est ici une des données de la question. Par conséquent, prétendre, *a priori*, qu'elle est la cause propre de l'indétermination, c'est nécessairement faire ou une équivoque ou une pétition de principe.

Dans l'indétermination qui nous occupe, l'illustre d'Alembert ne voyait pas autre chose qu'un paradoxe. Il faut reconnaître que, depuis que ce savant autorisé a émis cette opinion, la question n'a pas fait le moindre pas en avant, si même elle n'a pas un peu reculé, par suite de l'indécision jetée dans les esprits par l'explication illogique rappelée ci-dessus.

L'objet principal de la présente étude est de montrer que la règle connue des Ingénieurs sous le nom de « loi du trapèze », et appliquée par eux à titre simplement hypothétique, n'est autre chose qu'un cas particulier d'un principe de statique pure, présentant la plus grande généralité et permettant, concurremment avec les principes actuels de la statique, de résoudre, d'une manière complète, cette question importante, tant au point de vue des intérêts de la science pure qu'à celui de ses applications à l'art des constructions, des actions mutuelles de deux solides invariables en contact sur un nombre quelconque de points.

1

CONSISTANCE DE LA LOI

Considérons (*fig.* 1) une barre rigide *ad* posée sur un nombre quelconque d'appuis de niveau *a*, *b*, *c*, *d* et sollicitée par une force verticale P.

La loi du trapèze consiste dans ce principe que, si aux points *a*, *b*, *c*, *d*, on élève sur *ad* des perpendiculaires *aa′*, *bb′*, *cc′*, *dd′*, proportionnelles aux réactions R_a, R_b, R_c, R_d des appuis, les extrémités *a′*, *b′*, *c′*, *d′* de ces perpendiculaires se trouvent situées sur une même ligne droite.

Il est aisé de voir que les relations que fournit cette loi, jointes à celles que donne la statique, permettent de déterminer R_a, R_b, R_c, R_d.

En effet, appelons x_b, x_c, x_d les distances respectives des points *b*, *c*, *d* au point *a*, et X la distance du point d'application de la force P à ce même point.

On aura :

D'après la loi du trapèze :

$$\frac{R_b - R_a}{x_b} = \frac{R_c - R_a}{x_c} = \frac{R_d - R_a}{x_d} = m,$$

et, d'après les règles de la statique :

$$R_a + R_b + R_c + R_d = P,$$
$$x_b R_b + x_c R_c + x_d R_d = PX,$$

soit, en tout, $n + 1$ équations.

Or, les inconnues sont également au nombre de $n + 1$, savoir : R_a, R_b, R_c, R_d, et l'inconnue auxiliaire m. Ces inconnues se trouvent donc déterminées.

EXEMPLE. — Soient :

$$x_b = 2 \text{ mètres}, \qquad x_c = 5 \text{ mètres}, \qquad x_d = 7^m,50,$$
$$X = 4 \text{ mètres}, \qquad P = 100 \text{ kilogrammes}.$$

Les équations à résoudre sont les suivantes :

$$\frac{R_b - R_a}{2} = m \qquad \text{ou} \quad R_b = R_a + 2m, \qquad (1)$$

$$\frac{R_c - R_a}{5} = m \qquad \text{ou} \quad R_c = R_a + 5m, \qquad (2)$$

$$\frac{R_d - R_a}{7,50} = m \qquad \text{ou} \quad R_d = R_a + 7,5m, \qquad (3)$$

et :

$$R_a + R_b + R_c + R_d = 100, \qquad (4)$$
$$2R_b + 5R_c + 7,50R_d = 4 \times 100. \qquad (5)$$

En remplaçant, dans (4) et (5), R_b, R_c, R_d par leurs valeurs tirées de (1), (2) et (3), on obtient :

$$4R_a + 14,50m = 100,$$
$$14,50R_a + 85,25m = 400 ;$$

d'où :

$$m = 1,2422,$$
$$R_a = 20,497 ;$$

et, par suite,

$$R_b = 22,981,$$
$$R_c = 26,708,$$
$$R_d = 29,814.$$

Les valeurs que nous avons trouvées pour R_a, R_b, R_c, R_d sont toutes positives, mais il est des cas où l'on en trouve des négatives.

Ainsi, dans l'exemple que nous venons de donner, supposons que la distance X du point d'application de la force P

au premier appui de gauche, au lieu d'être égale à 4 mètres, soit égale à 7 mètres (*fig.* 1 *bis*).

Les équations (1), (2), (3) et (4) restent les mêmes, et l'équation (5) devient :

$$2R_b + 5R_c + 7,50R_d = 7 \times 100.$$

En opérant comme ci-dessus, on trouve :

$$R_a = -15,528, \quad R_b = 6,832, \quad R_c = 40,373, \quad R_d = 68,323.$$

La valeur négative de R_a indique que la barre tend à être arrachée de l'appui a. Cette valeur n'est donc admissible qu'à la condition de considérer la barre non pas comme simplement posée, mais comme fixée sur ses appuis.

Si, par les conditions du problème, la barre était simplement posée sur ses appuis, il faudrait rejeter les valeurs trouvées ci-dessus et recommencer le calcul sans tenir compte de l'appui a, sur lequel, dans ce cas, la barre n'exerce aucune action.

Considérons maintenant (*fig.* 2) un solide de forme quelconque, reposant sur un nombre quelconque d'appuis de niveau a, b, c, d, et sollicité par une force verticale P.

La loi du trapèze consiste, ici, dans ce principe, que, si des points a, b, c, d, on élève, au plan qui les contient, des perpendiculaires aa', bb', cc', dd', proportionnelles aux réactions, les extrémités a', b', c', d' de ces lignes sont situées dans un même plan.

Pour trouver les valeurs de ces réactions, prenons, pour axes des x et des y, deux droites rectangulaires ox et oy tracées dans le plan des appuis, et, pour axe des z, une perpendiculaire oz à ce même plan.

Appelons (x_a, y_a, z_a), (x_b, y_b, z_b), (x_c, y_c, z_c) et (x_d, y_d, z_d) les coordonnées des points a', b', c', d', et (X, Y) les coordonnées du point d'application de la force P sur le plan des appuis. Il s'agit de trouver les valeurs de z_a, z_b, z_c, z_d.

L'équation du plan $a'b'c'd'$ peut s'écrire sous la forme :

$$Ax + By + Cz = 1.$$

Les coordonnées a', b', c', d', devant satisfaire à cette équation, on a :

$$Ax_a + By_a + Cz_a = 1, \qquad (1)$$
$$Ax_b + By_b + Cz_b = 1, \qquad (2)$$
$$Ax_c + By_c + Cz_c = 1, \qquad (3)$$
$$Ax_d + By_d + Cz_d = 1. \qquad (4)$$

D'un autre côté, la statique fournit les équations suivantes :

$$z_a + z_b + z_c + z_d = P, \qquad (5)$$
$$x_a z_a + x_b z_b + x_c z_c + x_d z_d = PX, \qquad (6)$$
$$y_a z_a + y_b z_b + y_c z_c + y_d z_d = PY. \qquad (7)$$

On a donc, en tout, $n + 3$ équations.

Or le nombre des inconnues est précisément de $n + 3$, savoir : z_a, z_b, z_c, z_d, et les trois inconnues auxiliaires A, B, C. Ces inconnues se trouvent donc déterminées, comme précédemment, au moyen de simples équations du premier degré.

Les observations que nous avons faites au sujet des valeurs négatives que l'on peut trouver s'appliquent au cas d'un solide comme à celui d'une barre rigide ; ce n'est qu'à la condition de supposer le solide fixé sur ses appuis qu'elles sont admissibles.

II

PREMIÈRE DÉMONSTRATION

La question qui nous occupe, bien qu'étant une question
d'équilibre, peut être traitée comme une question de mouvement, au moyen des remarques suivantes :

1° Un point matériel fixe, comme on l'entend en statique,
étant défini par la propriété de ne pouvoir être déplacé par
aucune force de grandeur finie, n'est autre chose qu'un point
dans lequel se trouve concentrée une masse infiniment
grande ; par conséquent, dire, par exemple, qu'une barre
rigide est posée sur des points fixes, c'est dire qu'elle est
posée sur des points de masses infiniment grandes ;

2° L'état cinématique d'un point matériel au repos n'est
autre que celui d'un point animé d'un mouvement quelconque
à accélération infiniment petite et n'ayant reçu aucune impul-
sion initiale, puisque, dans un cas comme dans l'autre, il
n'y a aucun déplacement du point.

Ces simples remarques suffisent déjà, croyons-nous, pour
montrer que, si les règles particulières de la statique laissent
indéterminé le problème que nous avons en vue, il n'en est
nullement de même des règles générales de la dynamique,
puisque ces dernières permettent de trouver les forces
d'inertie des divers points d'un système matériel sollicité
par des forces connues et que, dans la question proposée, il
s'agit uniquement de déterminer les réactions, c'est-à-dire
les forces d'inertie des divers points d'un système matériel
soumis à l'action d'une force donnée.

Considérons (*fig.* 3 et 3 *bis*) une barre rigide *ae*, de masse infiniment petite, posée, ou mieux, fixée sur un nombre quelconque de points fixes a, b, c, d, e, situés de niveau, et sollicitée par une force verticale F.

D'après ce que nous venons de dire, les masses des points a, b, c, d, e, sont infiniment grandes. A chacune de ces masses infiniment grandes substituons, pour un instant, une masse de grandeur finie égale à m. La barre se mettra en mouvement, entraînant avec elle les points a, b, c, d, e, et, au bout du temps initial, dt aura passé de la position ae à la position infiniment voisine $a'e'$ au moyen, comme l'on sait, d'une rotation autour d'un axe o, passant par un des points de la direction de la barre et perpendiculaire au plan mené par la direction de la force F et celle de la barre. Mais, le temps considéré dt étant très petit, il s'ensuit que les arcs de rotation des différents points a, b, c, d, e se confondent avec leurs tangentes et que le mouvement de chacun de ces points est un mouvement uniformément accéléré de direction constante.

Si donc on appelle e_a, e_b, e_c, ..., j_a, j_b, j_c, ..., les espaces parcourus et les accélérations correspondant respectivement aux points a, b, c, ..., on aura, d'après une formule connue :

$$e_a = \frac{1}{2} j_a dt^2, \qquad e_b = \frac{1}{2} j_b dt^2, \qquad e_c = \frac{1}{2} j_c dt^2, \qquad \dots\dots$$

Mais on sait que, lorsque plusieurs forces exercent leur action sur des points matériels de même masse, les accélérations qu'elles impriment à ces points sont proportionnelles aux intensités des forces. Les forces agissant sur les points a, b, c, ..., sont donc proportionnelles aux accélérations correspondantes. Mais ces accélérations sont proportionnelles aux espaces parcourus, et ceux-ci sont, eux-mêmes, proportionnels aux ordonnées d'un trapèze. Les forces agissant sur les points a, b, c, ..., sont donc proportionnelles aux ordonnées d'un trapèze.

Cette proportionnalité des forces aux ordonnées d'un

trapèze étant démontrée pour une valeur quelconque de m, il s'ensuit qu'elle subsiste à la limite, lorsqu'on fait croître m indéfiniment. Mais, à la limite, la barre reste fixe sur ses appuis, puisque l'accélération de chacun des points est infiniment petite. Les forces agissant sur les appuis sont donc proportionnelles aux ordonnées d'un trapèze.

Ce qu'il fallait démontrer.

On traiterait absolument de la même manière le cas d'un solide invariable, de forme quelconque, posé sur un nombre quelconque d'appuis de niveau, en se rappelant que l'axe instantané de rotation, à l'origine du mouvement, est une horizontale située dans le plan des points d'appui et parallèle au diamètre de l'ellipsoïde central d'inertie du système des points fixes conjugué du plan passant par la direction de la force F et le centre de gravité des points.

REMARQUE. — On a fait à cette démonstration l'objection suivante : vous prenez, pour tous les points, la même masse m ; mais prenez des masses différentes m', m'', m''', ..., les forces ne seront plus proportionnelles aux ordonnées d'un trapèze, et il en sera de même, à la limite, si vous faites croître ces masses indéfiniment. Vous prouvez donc la possibilité, mais non la nécessité de la loi du trapèze.

Il est à peine besoin de dire qu'une semblable conclusion ne peut pas être exacte : dès le moment que, par un raisonnement juste, on prouve que les réactions des appuis fixes d'une barre sont les mêmes que celles de points de masses égales, on ne peut pas, par un autre raisonnement également juste, aboutir à une conclusion contraire. L'erreur de l'auteur de l'objection est facile à voir : il ne s'aperçoit pas qu'en faisant croître indéfiniment les masses m', m'', m''', ..., chose obligée pour revenir à une position fixe de la barre, il abandonne, par cela même, son hypothèse de l'inégalité des masses, puisqu'à la limite, au moment de conclure, chacune de ces masses étant égale à l'infini, ces masses sont égales entre elles.

III

DEUXIÈME DÉMONSTRATION

L'exactitude mathématique de la loi du trapèze se prouve encore de la manière suivante :

Considérons (*fig.* 4) un solide de forme quelconque sollicité par une force verticale et reposant par un nombre quelconque de points a, b, c, d, e, situés sur un plan rigide horizontal MN.

Ce plan MN peut être considéré comme formant la limite d'une masse rigide indéfinie. A cette masse rigide substituons, un instant, une masse liquide de densité finie, mais suffisante pour que le corps puisse flotter. Ce dernier s'immergera partiellement et prendra une position semblable à celle qu'indique la figure 5, position dans laquelle les pressions exercées sur les points a, b, c, d, e, suivront la loi du trapèze, puisque ces pressions sont proportionnelles aux distances des points à la surface du liquide.

Imaginons maintenant que la densité du liquide augmente indéfiniment : le corps se redressera et se relèvera progressivement et, à la limite, reprendra la position horizontale qu'il avait primitivement, et, cela, sans qu'à aucun moment les pressions exercées sur les points a, b, c, d, e aient cessé d'obéir à la loi du trapèze.

Mais, à la limite, le plan MN est redevenu un plan rigide ; les réactions exercées par ce plan suivent donc la loi du trapèze.

I V

PRINCIPE GÉNÉRAL

Considérons un solide de masse infiniment petite, sollicité par une force quelconque F et fixé à un nombre quelconque de points fixes a, b, c, d, ..., situés d'une manière quelconque.

D'après la remarque que nous avons faite précédemment, les points a, b, c..., sont des points de masses infiniment grandes. A chacune de ces masses infiniment grandes substituons, comme nous l'avons fait déjà, une masse de grandeur finie égale à m. Le solide se mettra en mouvement, entraînant avec lui les points a, b, c,..., et, au bout du temps initial dt, aura passé de sa position primitive à une position infiniment voisine, après avoir exécuté un mouvement qui peut être considéré comme résultant des deux mouvements composants suivants, savoir :

— Un mouvement de translation parallèle au mouvement du centre de gravité des points a, b, c,..., considéré comme sollicité directement par la force F ;

— Et un mouvement de rotation autour d'un axe coïncidant avec le diamètre de l'ellipsoïde central du système des mêmes points conjugué du plan passant par leur centre de gravité et par la direction de la force F.

Dans le premier de ces deux mouvements, les accélérations étant toutes égales, les forces agissant sur les points sont toutes égales entre elles. Chacune d'elles a donc pour valeur $\dfrac{F}{n}$, n désignant le nombre de points.

Dans le second mouvement, l'accélération variant avec la distance de chaque point à l'axe de rotation, on déterminera la force r correspondant à un point situé à une distance v de cet axe, en remarquant :

— Que, tous les points ayant même masse, cette force peut être représentée par $K\,ds$, ds étant le chemin parcouru, pendant le temps dt, par le point considéré, et K un coefficient commun à tous les points ;

— Que, tous les points tournant d'un même angle $d\alpha$ pendant le temps dt, on a :

$$ds = v\,\mathrm{tg}\,d\alpha,$$

et, par suite,

$$r = vK\,\mathrm{tg}\,d\alpha ; \qquad (1)$$

— Qu'enfin l'ensemble des forces r constituant un couple équivalent au moment M de la force F par rapport à l'axe de rotation, on a ($v^2K\,\mathrm{tg}\,d\alpha$ étant le moment de la force r par rapport à ce même axe) :

$$M = \Sigma\, v^2K\,\mathrm{tg}\,d\alpha = K\,\mathrm{tg}\,d\alpha\,\Sigma v^2, \qquad (2)$$

le signe Σ s'étendant à tous les points.

Eliminant $K\,\mathrm{tg}\,d\alpha$ entre (1) et (2), il vient pour la valeur de la force r :

$$r = \frac{Mv}{\Sigma v^2}.$$

ou, en posant $\Sigma v^2 = 1$:

$$r = \frac{Mv}{1}. \qquad (3)$$

Ainsi, dans le mouvement effectué par le solide pendant le temps initial dt, chacun des points a, b, c, ..., est sollicité par deux forces : l'une, dirigée parallèlement à la force F et égale à $\dfrac{F}{n}$, l'autre, dirigée normalement au plan passant par le point et l'axe de rotation, agissant dans le sens suivant lequel s'effectue la rotation et égale à $\dfrac{Mv}{I}$.

Mais, la valeur que nous avons attribuée à la masse m étant absolument quelconque, il s'ensuit que tout ce que nous venons de dire s'applique à la limite, lorsque l'on fait croître m indéfiniment, c'est-à-dire lorsque les points restent fixes.

Nous pouvons donc formuler le principe suivant :

Si un solide, de masse infiniment petite, sollicité par une force F, *est maintenu en équilibre par des points fixes, chacun de ces points est sollicité par deux forces :*

L'une, dirigée parallèlement à la force F *et égale à* $\dfrac{F}{n}$, *n étant le nombre des points fixes;*

L'autre, dirigée normalement au plan mené par le point considéré et le diamètre de l'ellipsoïde central des points fixes conjugué du plan passant par le centre de gravité de ces points et la direction de la force F, *agissant dans le sens suivant lequel cette force tend à faire tourner le solide, et égale à* $\dfrac{Mv}{I}$, M *étant le moment de la force* F *par rapport au diamètre de l'ellipsoïde, v la distance du point considéré à ce même diamètre, et I la somme des carrés des distances des points fixes à la même ligne.*

Remarque I. — Nous avons dit que chacun des points fixes était sollicité par deux forces; ce n'est là, évidemment, qu'une fiction, un point ne pouvant être sollicité que par une force dirigée dans le sens du mouvement que prend ou que tend à prendre ce point. Les deux forces $\dfrac{F}{n}$ et $\dfrac{Mv}{I}$ se composent donc en une seule, qui a pour valeur, en appelant A l'angle des directions des deux forces :

$$R = \sqrt{\left(\frac{F}{n}\right)^2 + \left(\frac{Mv}{I}\right)^2 + 2\frac{F}{n} \times \frac{Mv}{I} \cos A}. \qquad (4)$$

Remarque II. — Il est aisé de voir que la loi du trapèze n'est qu'un cas particulier du principe général que nous venons d'établir.

Si, en effet, comme dans le cas que nous avons examiné au numéro II, tous les points sont dans un même plan perpendiculaire à la force F, l'axe de rotation étant situé dans le plan des points, on a pour tous ces points :

$$A = 0,$$

et, par suite,

$$\cos A = 1.$$

La formule (4) devient donc :

$$R = \frac{F}{n} + \frac{Mv}{l}. \tag{5}$$

expression qui n'est autre chose que l'interprétation algébrique de la loi du trapèze.

Observation. — Dans les diverses questions que nous venons de traiter, nous avons fait abstraction de la masse propre de la barre ou du solide, en supposant cette masse infiniment petite. Il est bien évident que les résultats auxquels nous sommes parvenus s'appliquent au cas d'une masse de grandeur finie, puisque, dans l'état d'équilibre, cette masse disparaît devant celle des points fixes, qui est infinie et que, dans cet état, le corps soumis à l'action directe de la force F ne fait que servir d'intermédiaire pour la transmission et la répartition de cette force.

V

EXAMEN DE QUELQUES CAS PARTICULIERS

1° (*Fig.* 6) *Le système des points fixes* a, b, c, d, e, f *a un plan de symétrie vertical, et la force* F *est située dans ce plan suivant une direction quelconque.*

Le plan de symétrie étant un plan principal de l'ellipsoïde central d'inertie et la force F étant située dans ce plan, l'axe de rotation du système coïncide avec l'axe O de l'ellipsoïde correspondant au plan de symétrie. Il suit de là que l'axe de rotation est perpendiculaire à la direction de la translation ; qu'en conséquence le mouvement que tend à prendre le solide est une rotation autour d'un axe O′ parallèle à l'axe O et situé dans un plan mené par le même axe O, perpendiculairement à la direction de la force F.

Pour trouver la distance OO′, abaissons, d'un quelconque e des points fixes projeté sur le plan de symétrie, une perpendiculaire $eO′$ sur l'axe O′. La force agissant sur le point e est la résultante de deux forces : l'une, parallèle à la direction de la force F et égale à $\dfrac{F}{n}$; l'autre, normale à Oe et égale à $\dfrac{Mv}{I}$: elle peut donc être représentée par le troisième côté ee_1 d'un triangle dans lequel les deux autres côtés ee_2 et e_2e_1 représenteront les forces $\dfrac{F}{n}$ et $\dfrac{Mv}{I}$. Les lignes ee_1, e_2e_1 et ee_2 étant respectivement perpendiculaires à $O′e$, eO et $OO′$, il s'ensuit que les deux triangles ee_1e_2, $O′eO$ sont semblables.

On a donc :

$$OO' = \frac{ec_2 \times eO}{c_1 c_2} = \frac{FI}{Mn} = \frac{I}{\delta n}, \qquad (1)$$

en appelant δ la distance de la force F à l'axe o, et :

$$ee_1 = \frac{O'e \times c_1 c_2}{Oe} = \frac{M}{I} \times O'e = \frac{Mv'}{I}, \qquad (2)$$

en appelant v' la distance du point e à l'axe de rotation O'.

La première de ces deux relations montre que la distance OO' est indépendante de l'intensité de la force F et qu'elle varie seulement avec la distance de cette force à l'axe O.

Quant à la seconde, elle donne de la force ee_1 une expression beaucoup plus simple que celle déduite de la formule générale. Toutefois, il faut avoir recours à cette dernière lorsque $\delta = o$, parce qu'alors l'expression $\frac{Mv'}{I}$ devient $\frac{o \times \infty}{I}$, c'est-à-dire donne pour ee_1 une valeur indéterminée, tandis que la formule générale donne :

$$r = \frac{F}{n}.$$

La formule $\frac{Mv'}{I}$ peut encore s'établir de la manière suivante : puisque le solide tend à tourner autour de l'axe o', l'expression donnant la valeur de ee_1 est de la forme $\frac{M'v'}{I'}$. M' désignant le moment de la force F par rapport à l'axe o et I' le moment d'inertie du système des points fixes par rapport à ce même axe. Or il est facile de voir que :

$$\frac{M'}{I'} = \frac{M}{I}.$$

On a, en effet :

$$M' = F(OO' + \delta) = F\left(\delta + \frac{1}{\delta n}\right) = \frac{F}{\delta n}(1 + \delta^2 n),$$

et :

$$I' = I + n\overline{OO'}^2 = I + \frac{I^2}{\delta^2 n} = \frac{I}{\delta^2 n}(1 + \delta^2 n);$$

d'où :

$$\frac{M'}{I'} = \frac{\dfrac{F}{\delta n}(1 + \delta^2 n)}{\dfrac{I}{\delta^2 n}(1 + \delta^2 n)} = \frac{F\delta}{I} = \frac{M}{I}.$$

Remarque I. — Si, par le centre de gravité O, on mène une droite quelconque O″B, et que l'on projette le point O′ en O″ sur cette droite, comme les points O′, O″, A et B sont sur un même cercle, on a :

$$O'O \times OA = O''O \times OB,$$

ou :

$$O''O = \frac{1}{n \times OB}.$$

Le point O″ est donc la projection de l'axe de rotation du solide supposé sollicité par une force F′ appliquée, au point B, normalement à O″B. Cette remarque présente un intérêt lorsqu'on est conduit à décomposer la force F en deux autres, l'une normale, l'autre tangentielle à O″B, afin d'envisager séparément l'action des deux composantes.

Remarque II. — Si, par le point O′, on mène une ligne XO′Y perpendiculaire à O′O, cette ligne est le lieu des centres de rotation relatifs aux différentes forces passant par le point A.

En effet, si par le point A on mène une droite quelconque AC, et que du point O on abaisse sur cette droite une perpendiculaire EOD, les quatre points O′, D, E, A étant sur un

même cercle, on a :

$$OD \times OE = OO' \times OA.$$

2° *Les points fixes sont situés dans deux plans différents AB, A'B', également inclinés sur l'horizon ; le système formé par ces points a deux plans de symétrie verticaux : l'un perpendiculaire aux plans des appuis, le second perpendiculaire au premier ; la force F est verticale et située dans le premier des deux plans de symétrie.*

Ici deux cas sont à distinguer : celui où le solide est invariablement lié aux points fixes, et celui où il ne fait que reposer sur les plans d'appui.

Voyons le premier cas (*fig.* 7, solide *mn*).

Le centre de gravité des points fixes est situé au milieu O de la ligne GG' joignant les centres de gravité des systèmes partiels *abcd* et *a'b'c'd'*. Le mouvement que tend à prendre le solide est donc une rotation autour d'un axe horizontal O' distant du point O d'une quantité $OO' = \dfrac{1}{\delta n}$.

Pour répartir la force F, on peut ramener la question au premier cas particulier examiné ci-dessus, en remarquant que la résultante des forces agissant sur les points du système partiel *abcd* est une force verticale *f* distante du point G d'une quantité :

$$DG = \frac{i}{\frac{n}{2} \times GO'},$$

i étant la somme des carrés des distances des points *a, b, c, d* au point G, ou la somme des carrés des distances des points *a', b', c', d'* au point G', ces deux sommets étant les mêmes ; de même que la résultante des forces agissant sur *a', b', c', d'* est une force *f'* distante du point G' d'une quantité égale à

$$D'G' = \frac{i}{\frac{n}{2} \times G'O'}.$$

Si l'on pose $GG' = 2a$, on trouve, pour i, DG et D'G', les valeurs suivantes :

$$i = \frac{1}{2} - \frac{na^2}{2};$$

$$DG = \frac{\frac{1}{n} - a^2}{\frac{1}{5n} + a},$$

$$D'G' = \frac{\frac{1}{n} - a^2}{\frac{1}{5n} - a}.$$

Quant aux forces f et f', on aura leurs valeurs en observant qu'elles font équilibre à la force F et que la ligne CC' passe par le point d'intersection p de la force F et de la ligne GG'.

Pour prouver que la ligne CC' passe par le point d'intersection p, appelons x la distance au point O du point de rencontre de CC' et de GG'. Les triangles DCG et D'C'G', d'une part, et les triangles CDp et C'D'p, d'autre part, étant semblables, on a :

$$\frac{a - x + DG}{a + x - D'G'} = \frac{DC}{D'C'} = \frac{DG}{D'G'},$$

ou :

$$\frac{a - x + \dfrac{\dfrac{1}{n} - a^2}{\dfrac{1}{5n} + a}}{a + x - \dfrac{\dfrac{1}{n} - a^2}{\dfrac{1}{5n} - a}} = \frac{\dfrac{1}{5n} - a}{\dfrac{1}{5n} + a};$$

d'où l'on tire, après avoir effectué les calculs :

$$x = \delta.$$

Pour avoir f et f', on a donc les égalités suivantes :

$$\frac{f}{f'} = \frac{\dfrac{1}{\delta n} + a}{\dfrac{1}{\delta n} - a}.$$

et

$$f + f' = F,$$

qui donnent :

$$f = \frac{F}{2} \times \frac{1 + a\delta n}{1}.$$
$$f' = \frac{F}{2} \times \frac{1 - a\delta n}{1}.$$

3° Voyons maintenant le cas (*fig. 8*) *où le solide est simplement posé sur les plans* CM *et* C'M'.

Les réactions sont alors normales aux plans d'appui. Menons les normales extrêmes AO, A'O et BO', B'O'. Sous l'action d'une force verticale, le solide ne peut se mouvoir qu'en tournant autour d'un des deux points O et O'. Donc, pour qu'il y ait équilibre, il faut et il suffit que la force F passe par un des deux points O et O' ou entre les deux points.

Si la force F passe par O ou O', le solide ne porte que sur les points A et A' ou B et B'.

Pour avoir la pression exercée en ces points, après avoir tracé une ligne verticale *ab* (*fig.* 9) représentant à une échelle donnée la force F, on mènera par *a* et *b* des parallèles aux normales aux plans. Les lignes *ac* et *bc* représenteront l'une la pression en A ou B, l'autre la pression en B' ou A'.

Ces deux pressions sont égales entre elles et ont pour valeur, en appelant 2α l'angle que forment entre eux les plans d'appui :

$$\frac{F}{2 \sin \alpha}.$$

Si la force F passe entre O et O', on la décomposera en deux autres, l'une f appliquée au point O, l'autre f' appliquée au point O'.

La force f donne deux forces normales appliquées en A et A', ayant chacune pour valeur $\dfrac{f}{2 \sin \alpha}$, et la force f' deux forces appliquées en B et B' et ayant pour valeur $\dfrac{f'}{2 \sin \alpha}$.

Les deux forces appliquées en A et en B, de même que les deux forces appliquées en A' et B', se composent en une seule égale à $\dfrac{f}{2 \sin \alpha} + \dfrac{f'}{2 \sin \alpha}$. Comme, dans les deux cas, les composantes sont proportionnelles à f et à f', on aura la direction des résultantes en menant par le point K les normales KD et KD'.

Pour avoir la répartition de la force F entre les points d'appui, il suffira donc d'appliquer la loi du trapèze aux forces dirigées suivant KD et KD'.

VI

CALCUL DES EFFORTS MOLÉCULAIRES
DANS UNE POUTRE DROITE

Les poutres employées dans l'art des constructions ont habituellement un plan de symétrie vertical. Considérons une semblable poutre en équilibre horizontalement (*fig.* 10) sous l'action de forces verticales situées dans le plan de symétrie.

Si nous coupons cette poutre par un plan AB perpendiculaire à la longueur, chacun des deux tronçons pourra être considéré comme étant en équilibre sous l'action des forces qui y sont spécialement appliquées et sous l'action des efforts moléculaires développés dans la section AB.

Mais les molécules de cette section ne sont autre chose que les points fixes que nous avons envisagés dans les questions examinées ci-dessus. Nous savons donc trouver les efforts auxquels elles sont soumises. Seulement, comme ces molécules sont en nombre infini, qu'ainsi les forces appliquées à chacune d'elles sont infiniment petites, pour que les formules précédentes puissent être employées dans le calcul, il est nécessaire de leur faire subir une modification.

Soient : F, la résultante des forces extérieures appliquées au tronçon de gauche ;

S, l'aire de la section AB ;

Et ds, un élément infiniment petit de cette section.

D'après ce que nous avons vu, la force appliquée à un point situé à une distance v de l'axe horizontal O, situé dans le plan de la section et passant par son centre de gravité, est la résultante de deux forces, égales, l'une à $\dfrac{F}{n}$, l'autre à $\dfrac{Mv}{I}$, ces deux forces faisant ici entre elles un angle de 90°.

Or, si l'on multiplie haut et bas chacune de ces expressions par ds, et si l'on remarque qu'à chaque molécule correspond un élément infiniment petit ds de cette section, qu'ainsi on a $nds = S$, et que, d'un autre côté, Ids n'est autre chose que le moment d'inertie I' de la section AB par rapport à l'axe O, il vient :

$$\frac{F}{n} = \frac{F}{S}\,ds \qquad \text{et} \qquad \frac{Mv}{I} = \frac{Mv}{I'}\,ds.$$

Les formules $\dfrac{F}{n}$, $\dfrac{Mv}{I}$ et $\sqrt{\left(\dfrac{F}{n}\right)^2 + \left(\dfrac{Mv}{I}\right)^2}$ trouvées précédemment doivent donc être remplacées ici par

$$\frac{F}{S}\,ds, \tag{1}$$

$$\frac{Mv}{I'}\,ds, \tag{2}$$

et

$$ds\,\sqrt{\left(\frac{F}{S}\right)^2 + \left(\frac{Mv}{I'}\right)^2}. \tag{3}$$

Une observation semblable s'applique à la formule $\dfrac{I}{\delta n}$, qui, multipliée haut et bas par ds, devient $\dfrac{I'}{\delta S}$.

Dans les formules (1), (2) et (3), $\dfrac{F}{S}$, $\dfrac{Mv}{I'}$ et $\sqrt{\left(\dfrac{F}{S}\right)^2 + \left(\dfrac{Mv}{I'}\right)^2}$ représentent l'effort par unité de surface au point considéré, c'est-à-dire l'effort total qui serait exercé sur une surface égale à l'unité, si, en chaque point de cette surface, l'effort était le même qu'au point considéré.

Remarque I. — La force F, envisagée comme agissant tangentiellement à la section AB, a reçu le nom d'effort tranchant, parce qu'en effet, ainsi déplacée, elle tend à cisailler la pièce.

D'après la théorie de la résistance des matériaux, cette force se répartirait d'une manière inégale, et les efforts dans la partie centrale de la section seraient plus grands que vers les extrémités. On voit que c'est là une erreur.

Remarque II. — Le moment M, qui tend à faire fléchir la pièce latéralement, a reçu le nom de moment fléchissant. La formule $R = \dfrac{Mv}{I'}$ ou $M = \dfrac{RI'}{v}$, à laquelle nous sommes parvenus, est la même que celle que fournit la résistance des matériaux. Mais la résistance des matériaux donne également une autre valeur de M, qui est $\dfrac{EI'}{\rho}$, expression dans laquelle E représente le coefficient d'élasticité de la matière dont est formée la poutre, et ρ le rayon de courbure de la poutre déformée correspondant à la section AB. C'est en partant de la formule $\dfrac{EI'}{\rho} = M$ que l'on arrive à établir soit par la méthode analytique, soit par la méthode dite de statique graphique, les formules en usage pour le calcul des poutres à travées solidaires. Nous verrons plus loin si ces formules sont exactes.

VII

SYSTÈMES FORMÉS DE BARRES

Dans les systèmes formés de barres, ces dernières peuvent être réunies entre elles, soit au moyen d'assemblages rigides, soit au moyen de simples articulations. De là deux systèmes à examiner.

Systèmes à assemblages rigides. — Les systèmes à assemblages rigides, appelés encore systèmes à treillis, peuvent, si les barres qui les composent sont assez robustes et les assemblages assez rigides pour n'éprouver aucune déformation sensible sous l'action des forces qui les sollicitent, être considérés comme des systèmes pleins, dans lesquels ont été pratiqués des évidements. Le mode de calcul qui leur convient n'est donc autre que celui qui s'applique aux systèmes pleins et que nous avons indiqué au numéro précédent.

Systèmes articulés. — Dans un système de cette nature, les barres sont exclusivement soumises à des efforts longitudinaux, c'est-à-dire à des tensions ou à des compressions. Nous emploierons exclusivement le mot de tension, l'appliquant au cas où la barre est comprimée comme à celui où elle tend à s'allonger.

On détermine ces efforts en remarquant que les tensions des barres qui concourent à un même point sont équilibrées par la force extérieure qui sollicite ce point.

Comme exemple, prenons le système de la figure 11, que nous supposerons posé sur des points fixes correspondant aux articulations b, c, d, e, et sollicité par une force F appliquée à l'articulation a.

Après avoir déterminé, au moyen des règles précédemment établies, les lignes bb', cc', dd', ee', représentant en grandeur et en direction les réactions des appuis, on trouvera : — les tensions des barres ab et bc en décomposant la force bb' en deux autres dirigées l'une suivant ab, l'autre suivant bc; — les tensions des barres ac et cd en composant la tension de bc avec la réaction cc', puis décomposant la résultante en deux forces dirigées l'une suivant ac, l'autre suivant cd; — les tensions des barres ad et de, en composant la tension de cd avec la réaction dd', puis décomposant la résultante en deux forces dirigées l'une suivant ad, l'autre suivant de ; — et enfin la tension de la barre ea en composant entre elles la tension de de et la réaction ee'. Comme vérification, la résultante devra être dirigée suivant ea.

On pourra, d'ailleurs, pour simplifier, réunir ces différentes opérations en une seule, au moyen de la méthode de Crémona. La construction à laquelle conduit cette méthode est donnée par la figure 12. Les lignes qui la composent sont :

BC, ligne égale et parallèle à bb' ;

Bβ, Cβ, lignes menées parallèlement, l'une à ba, l'autre à bc, représentant, par conséquent, la première la tension de la barre ba, l'autre celle de la barre bc ;

CD, ligne égale et parallèle à *cc′* ;

Dγ, βγ, lignes menées parallèlement, l'une à *cd*, l'autre à *ca*, représentant, par suite, la première la tension de la barre *cd*, la seconde celle de la barre *ca* ;

DE, ligne égale et parallèle à *dd′* ;

Eδ, γδ, lignes menées parallèlement, l'une à *de*, l'autre à *da*, représentant, la première la tension de la barre *de*, la seconde la tension de la barre *da* ;

EF, ligne égale et parallèle à *ee′* ;

δF, ligne obtenue en joignant le point F au point δ, qui, par suite, représente la tension de la barre *ea*.

Comme vérification, la ligne δF doit être parallèle à *ea* et, de plus, BF doit représenter en grandeur et en direction la force F.

Le système que nous venons d'examiner est strictement indéformable. S'il était à barres surabondantes, s'il comprenait, par exemple, en outre de celles qui sont indiquées dans la figure, d'autres barres reliant les articulations *b*, *c*, *d*, *e*, à cause de l'insuffisance des principes actuels de la statique, la question de la recherche des tensions resterait indéterminée.

Il existe cependant un cas où, même dans cette hypothèse, on peut trouver, sinon les tensions de toutes les barres, du moins celles des barres qui sont issues du point *a* : c'est celui où les points *b*, *c*, *d*, *e* sont en ligne droite.

En effet, si (*fig.* 13) les points *b*, *c*, *d*, *e* sont en ligne droite, pour avoir la tension d'une quelconque *ac* des barres issues du point *a*, on projettera toutes les forces sollicitant le point *c* sur une droite perpendiculaire à la ligne *bc* ; les projections des forces dirigées suivant cette dernière ligne étant nulles, la projection de la réaction *cc′* sera la même que celle de la barre *ca* ; donc, pour avoir cette tension, il suffira de mener, par le point *c′*, une parallèle à *bc* ; la longueur *cc″* représentera la tension demandée.

Examinons (*fig.* 14) le cas où la force F est normale à *be*.

Les réactions suivant alors la loi du trapèze, on trouvera leur valeur.

— En élevant au point O, centre de gravité des points b, c, d, e, perpendiculairement à be, une ligne OO'' représentant, à une échelle donnée, une force égale à $\dfrac{F}{n}$;

— En faisant passer une ligne droite par le point O'' et un point O' situé sur be à une distance du point O égale à $\dfrac{I}{\delta n}$;

— Et en élevant les ordonnées bb', cc', dd', ee'.

Ces dernières représentant les réactions cherchées, on trouvera les tensions des barres en menant par les points b', c', d', e', les horizontales $b'b''$, $c'c''$, $d'd''$, $e'e''$, qui détermineront sur ab, ac, ad, ae, les longueurs bb'', cc'', dd'', ee'', lesquelles représenteront les tensions demandées.

Ces tensions font équilibre à la force F. Il s'ensuit que la somme de leurs projections horizontales est nulle, et que, par suite, on a $b'b'' + c'c'' + d'd'' + e'e'' = o$, celles de ces lignes dirigées dans un sens étant considérées comme positives et celles dirigées en sens contraire comme négatives.

Mais la longueur OO'' que nous avons choisie pour représenter $\dfrac{F}{n}$ est arbitraire ; donc, quelle que soit l'inclinaison adoptée pour $O'O''$, on aura toujours :

$$b'b'' + c'c'' + d'd'' + e'e'' = O.$$

D'où le théorème de géométrie suivant :

Un faisceau de n droites issues d'un point a étant coupé par une transversale mn, si, après avoir déterminé le point O, centre des moyennes distances des points d'intersection b, c, d, e, on prend, sur la transversale et de l'autre côté du point O, par rapport au pied a' de la perpendiculaire abaissée du point a, une longueur OO' égale à $\dfrac{I}{\delta n}$, I étant la somme des carrés des distances des points b, c, d, e au point O, et à la distance Oa', et que, par le point O', on mène une droite $O'p$, la somme algébrique des lignes menées parallèlement à la transversale, par les extrémités des ordonnées de $O'p$ relatives aux points b, c, d, e, jusqu'à la rencontre des droites du faisceau, est nulle, quelle que soit la direction de $O'p$.

Si la force F (*fig.* 15), au lieu d'être normale à be, est oblique par rapport à cette ligne, on trouvera les tensions des barres par le même procédé que ci-dessus, après avoir décomposé la force F en deux autres, l'une dirigée verticalement et égale à F $\sin \alpha$, α étant l'angle de la force F avec l'horizontale, l'autre dirigée suivant be et égale à F $\cos \alpha$.

Dans ce cas, comme la projection de F n'est pas nulle, au lieu de $b'b'' + c'c'' + d'd'' + e'e'' = o$, on aura, quelle que soit, d'ailleurs, la direction de la ligne $o'o''$:

$$b'b'' + c'c'' + d'd'' + e'e'' = F \cos \alpha = n \times oo''',$$

le point o''' étant obtenu en menant par le point o'' une parallèle $o''o'''$ à la direction de la force F.

Ce qui conduit au théorème de géométrie suivant, dont le précédent n'est qu'un cas particulier :

Un faisceau de n droites issues d'un point a étant coupé par une transversale mn, si, après avoir déterminé le point o, centre des moyennes distances des points d'intersection b, c, d, e, et pris, sur la transversale une longueur quelconque oa', on prend, également sur la transversale et de l'autre côté du point o, une longueur oo' égale à $\dfrac{1}{5n}$, *I étant la somme des carrés des distances des points b, c, d, e au point o, et à la distance oa', et que, par le point o', on mène une droite quelconque o'p, la somme algébrique des lignes menées parallèlement à la transversale par les extrémités des ordonnées de o'p relatives aux points b, c, d, e, jusqu'à la rencontre des droites du faisceau, sera égale à n fois la longueur oo'''' obtenue en menant, par l'extrémité o'' de l'ordonnée relative au point o, une parallèle à aa'.*

L'exactitude de ce théorème se vérifie par l'analyse de la manière suivante :

Prenons, pour axe des x, la transversale mn et, pour axe des y, la perpendiculaire à cette transversale menée par le point o.

Puis appelons :

x', y', les coordonnées du point a ;

x_1, x_2, x_3, ..., les coordonnées des points b, c, d, ... ;

α, l'abscisse du point O' ;

β, l'ordonnée de $O'p$ correspondant au point O ;

α_1, l'abscisse du point a'.

L'équation de la droite $O'p$ sera :

$$\frac{x}{\alpha} + \frac{y}{\beta} = 1 ; \tag{1}$$

et celle de la droite ab :

$$\frac{x_1 - x}{x_1 - x'} = \frac{y}{y'}. \tag{2}$$

Dans l'équation (1), faisons $x = x_1$, et remplaçons dans (2) y par sa valeur tirée de (1) ; nous aurons :

$$\frac{x_1 - x}{x_1 - x'} = \frac{\beta(\alpha - x_1)}{\alpha y'}, \tag{3}$$

égalité dans laquelle $x_1 - x$ représente $- b'b''$.

Faisons la somme de toutes les quantités analogues à $x_1 - x$ correspondant aux différents points b, c, d, ..., nous aurons, en remarquant que $\Sigma(\alpha + x')x_1$ est nul, puisque le point o est le centre des moyennes distances des points b, c, d, ... :

$$\Sigma(x_1 - x) = \frac{-\beta}{\alpha y'}(n\alpha x' + \Sigma x_1^2). \tag{4}$$

Mais, par suite de la relation existant entre les longueurs OO' et Oa', on a :

$$\Sigma x_1^2 = - n \alpha \alpha_1 \, ;$$

l'équation (4) peut donc s'écrire :

$$\Sigma (x_1 - x) = \frac{n\beta}{y'}(\alpha_1 - x').$$

Par le point O'' menons une parallèle à aa'; les deux triangles semblables $O''OO'''$ et $aa''a'$ donneront :

$$\frac{OO''}{OO''} = \frac{a''a'}{aa''};$$

d'où :

$$OO'' = \frac{\beta}{y'}(\alpha_1 - x').$$

Nous avons donc, en définitive :

$$\Sigma (x_1 - x) = n \times OO''.$$

Ce qu'il fallait démontrer.

Ferme Polonceau. — Des systèmes articulés employés dans l'art des constructions le plus usité et le plus connu est la ferme Polonceau. On construit cette ferme avec une ou avec trois contrefiches (*fig.* 16 et 18).

Prenons la ferme à une contrefiche. Les deux arbalétriers étant égaux et également inclinés sur l'horizon et la ferme étant supposée chargée symétriquement, si l'on imagine une section verticale faite suivant mn, la demi-ferme de gauche sera en équilibre sous l'action des forces suivantes :

ab, force verticale représentant le poids de la couverture composé avec le poids propre de la ferme ;

AB, force verticale représentant la réaction de l'appui A et, par conséquent, égale et contraire à la force ab ;

rr', force horizontale représentant la réaction de l'arbalétrier de droite sur l'arbalétrier de gauche ;

Et tt', force horizontale représentant la tension du tirant.

Les forces ab et AB formant un couple, il s'ensuit que les forces rr' et tt' forment un couple égal et contraire.

Si donc on appelle :

t, la tension du tirant ;

P, la force AB ;

d, la distance des forces ab et AB ;

Et h, la distance du tirant au sommet de la ferme :

On aura :

$$t = \frac{Pd}{h}.$$

La tension t étant connue, on pourra, par le moyen que nous avons employé ci-dessus, déterminer les tensions des barres cA, ca, cr. A cet effet, on prolongera la ligne $c'c$ jusqu'à sa rencontre o'' avec la ligne Aa ; puis, après avoir pris, sur cette dernière, à partir du point a et de l'autre côté de ce point, par rapport à o'', une longueur $ao' = \dfrac{\overline{Ar^2}}{6ao''}$, et avoir porté sur ac une longueur aa' représentant une force égale à $\dfrac{t}{3}$, on mènera la ligne $o'X$, dont les ordonnées AA', aa', rr_1 représenteront les composantes normales à Ar des tensions des barres Ac, ac et rc.

Les résultats auxquels conduit cette construction montrent :

1° Que la barre ac travaille toujours à l'extension et que l'effort qui lui est imposé est égal au tiers de celui du tirant cc' ; donc, contrairement à ce que l'on admet généralement, la contrefiche, loin de consolider l'arbalétrier, ne fait que tendre à en provoquer la flexion ;

2° Que, lorsque ao' est plus petit que $\dfrac{Ar}{2}$, c'est-à-dire lorsque ao'' est plus grand que $\dfrac{2\,Aa}{3}$, cas qui se présente dans la pratique, la barre rc ne joue aucun rôle utile, puisqu'elle travaille à la compression et qu'elle n'est jamais constituée pour ce genre d'effort.

Pour remédier à ce dernier défaut, il suffit d'augmenter l'inclinaison de la toiture ; mais, pour parer au premier, il n'est qu'un moyen qui, du reste, améliore en même temps les conditions du travail des barres Ac et rc : c'est de reporter le tirant cc' à sa position rationnelle, c'est-à-dire au pied de l'arbalétrier, ainsi que l'indique la figure 16, sauf à en combattre la flexion au moyen de tiges légères suspendues aux extrémités des contrefiches et, au besoin, au sommet des arbalétriers.

Une observation semblable s'applique à la ferme à trois contrefiches (*fig.* 17).

VIII

DES POUTRES A TRAVÉES SOLIDAIRES

La loi du trapèze appliquée à une poutre rigide posée sur un nombre quelconque d'appuis n'est autre chose que la théorie des poutres à travées solidaires. Il est dès lors intéressant de comparer les résultats que donne cette théorie à ceux que fournissent les formules de la résistance des matériaux.

A cet effet, prenons le cas, qui se présente assez fréquemment dans la pratique, d'une poutre à travées égales chargées uniformément d'un même poids par mètre courant.

Appelons p ce poids, et l la largeur des travées.

La résultante des charges tombant au milieu de la poutre,
la répartition, d'après la loi du trapèze, se fait d'une
manière égale entre tous les appuis.

On a donc pour la valeur de la réaction de chacun de ces
appuis :

$$R = \frac{n}{n + 1}\, pl,$$

et, pour l'expression du moment fléchissant sur l'appui situé
à l'extrémité droite de la travée d'ordre K :

$$M_K = \frac{k\,(n - k)}{2\,(n + 1)}\, pl^2.$$

La quantité K étant plus petite que n, il s'ensuit que les
moments fléchissants sur les appuis sont tous positifs.

Or, d'après la formule de la résistance des matériaux, ils
seraient, au contraire, tous négatifs, puisque c'est là le but
que l'on se propose d'atteindre par la solidarité.

La discordance est donc complète. A la vérité, on pourrait
peut-être objecter que les résultats ne devaient pas être
absolument les mêmes, puisque la loi du trapèze s'applique
à des poutres d'une rigidité absolue, tandis que les formules de la résistance sont établies pour des poutres tant
soit peu élastiques. Mais l'écart est manifestement trop
grand pour qu'on puisse éviter d'en conclure cette présomption que la formule de la résistance des matériaux est
inexacte. La présomption se change en certitude absolue, si
l'on remarque que cette formule est, comme l'on sait, indépendante du coefficient d'élasticité E de la matière employée.
Il est bien évident, en effet, que, si les valeurs des moments
fléchissants sont les mêmes, quelle que soit la rigidité de la
poutre, elles ne peuvent être que celles qui sont déduites de
la loi du trapèze.

Cette inexactitude des formules de la résistance des matériaux n'est pas chose nouvelle. Elle a été reconnue déjà au moyen de mesurages directs, ainsi que le font connaître M. l'Inspecteur général Croizette-Desnoyers dans son *Traité de la Construction des ponts* (t. II, p. 495), et M. l'Ingénieur en chef Rabut, dans un article inséré aux *Annales des Ponts et Chaussées* (t. X, p. 473, année 1896).

Comme nouvelle preuve, nous ajouterons que ces formules se contredisent elles-mêmes.

Prenons, en effet, une poutre formée de trois travées chargées uniformément.

Appelons l_1, l_2, l_3, les largeurs des travées; p_1, p_2, p_3, les charges correspondantes.

Les formules qui donnent M_2 et M_3, moments fléchissants sur les appuis 2 et 3, sont :

$$2\,(l_1 + l_2)\,M_2 + l_2 M_3 = -\frac{1}{4}\,(p_1 l_1^3 + p_2 l_2^3),$$

$$l_2 M_2 + 2\,(l_2 + l_3)\,M_3 = -\frac{1}{4}\,(p_2 l_2^3 + p_3 l_3^3).$$

Ces formules sont établies pour des valeurs quelconques de l_1, l_2, l_3, quelque grandes ou quelque petites qu'elles soient. Or on remarque ce qui suit :

1° Si, après avoir divisé la première égalité par l_1^3, on fait croître l_1 indéfiniment, on aura :

$$-\frac{1}{4}\,p_1 = 0,$$

résultat inacceptable ;

2° Si l'on fait $l_1 = o$ et $l_3 = o$, ce qui réduit le nombre des appuis à deux, au lieu de $M_2 = o$ et $M_3 = o$, on trouve :

$$M_2 = -\frac{1}{12}\,p_2 l_2^2, \qquad M_3 = -\frac{1}{12}\,p_2 l_2^2 :$$

3° Si l'on fait $l_1 = o$ et $l_2 = o$, ce qui réduit encore le nombre des appuis à deux, au lieu de :

$$M_3 = o,$$

on trouve :

$$M_3 = - \frac{1}{8} p_3 l_3^2.$$

Enfin il n'est pas inutile de faire remarquer que, si l'on admet dans toutes ses conclusions logiques l'hypothèse sur laquelle est établie la théorie de la résistance, hypothèse d'après laquelle les éléments d'une poutre se déforment en suivant les lois de l'élasticité, la formule $\frac{EI}{\rho} = M$, de laquelle sont déduites les formules relatives aux poutres solidaires, ne saurait être considérée comme exacte.

Considérons, en effet ($fig.$ 19), une poutre droite AB en équilibre horizontalement et sollicitée par des forces verticales.

Après l'avoir divisée au moyen de sections verticales infiniment rapprochées, appliquons à chacun des éléments ab ainsi obtenus un couple égal et contraire au moment fléchissant qui lui est propre. Le moment M étant alors nul dans toute l'étendue de la poutre, cette poutre, d'après la formule $\frac{EI}{\rho} = M$ ne devra pas se déformer. Or il est bien évident qu'il ne saurait en être ainsi, puisque, sous l'action de l'effort tranchant, chacun des éléments se déplacera verticalement, par rapport à son voisin. En sorte que ($fig.$ 20), si AmB représente la déformation due à l'action des efforts tranchants et $Am'B$ la déformation due à l'action des moments fléchissants, la déformation réelle sera représentée par une courbe $Am''B$, dans laquelle chaque ordonnée est égale à la somme des ordonnées des deux autres courbes.

Dans la formule $\frac{EI}{\rho} = M$, la quantité ρ ne représente donc

le rayon de courbure de la fibre moyenne déformée, que
dans le cas tout à fait particulier où l'effort tranchant A
est nul.

Ces remarques faites, revenons à la formule :

$$M_K = \frac{K\,(n - K)}{2\,(n + 1)}\,pl^2.$$

Cette formule, en donnant pour M des valeurs nécessairement positives, montre que, dans une poutre continue posée
sur appuis de niveau, les moments fléchissants, et, par
conséquent, les efforts intérieurs, sont plus considérables
que dans une poutre à travées indépendantes. Donc, pour
profiter des avantages que peuvent présenter les poutres à
travées solidaires, il est nécessaire, la poutre étant cons-
truite comme si elle devait être posée de niveau, de la placer
d'abord de niveau, puis ensuite de chercher à la soulever
sur ses appuis centraux, jusqu'à ce que l'on ait réalisé les
réactions donnant des moments négatifs convenables. Cette
opération, il est à peine besoin de le dire, peut se faire de la
manière la plus simple en faisant usage de presses hydrau-
liques munies de manomètres.

Le calcul d'une poutre à travées solidaires doit donc
consister à se donner, par avance, les moments fléchissants
sur les appuis, puis à déterminer les réactions correspondantes.

Supposons, par exemple, que l'on ait à construire une
poutre formée de trois travées chargées uniformément.

Soient : l_1, l_2, l_3, les largeurs des travées ; p_1, p_2, p_3, les
charges par mètre courant ; M_2 et M_3, les moments fléchissants sur les appuis centraux.

En se donnant $M_2 = -\alpha$ et $M_3 = -\beta$ et prenant les
moments successivement par rapport aux appuis 2, 3 et 4,
on aura :

$$R_1 l_1 - \frac{p_1 l_1^2}{2} = -\alpha\,;$$

d'où :

$$R_1 = \frac{p_1 l_1}{2} - \frac{\alpha}{l_1},$$

$$R_1(l_1 + l_2) + R_2 l_2 - \frac{p_2 l_2}{2} - p_1 l_1\left(\frac{l_1}{2} + l_2\right) = -\beta;$$

d'où :

$$R_2 = \frac{p_1 l_1}{2} + \frac{p_2 l_2}{2} + \alpha\left(\frac{1}{l_1} + \frac{1}{l_2}\right) - \frac{\beta}{l_2},$$

$$R_1(l_1 + l_2 + l_3) + R_2(l_2 + l_3) + R_3 l_3 - \frac{p_3 l_3^2}{2}$$

$$- p_2 l_2\left(\frac{l_2}{2} + l_3\right) - p_1 l_1\left(\frac{l_1}{2} + l_2 + l_3\right) = 0;$$

d'où :

$$R_3 = \frac{p_2 l_2}{2} + \frac{p_3 l_3}{2} + \beta\left(\frac{1}{l_2} + \frac{1}{l_3}\right) - \frac{\alpha}{l_1}.$$

Connaissant R_2 et R_3, après avoir placé la poutre de niveau, on la soulèvera, au droit des appuis 2 et 3, jusqu'à ce qu'on obtienne les réactions R_2 et R_3. Ceci fait, on la calera aux hauteurs déterminées par les pistons des presses ; la poutre ainsi posée donnera, au droit des appuis 2 et 3, les moments $-\alpha$ et $-\beta$.

Cette méthode, si simple et si naturelle qu'elle soit, paraît n'avoir jamais été employée. On a d'autant plus lieu de s'en étonner qu'au fond elle est indépendante de toute théorie et qu'elle est la seule qui permette de résoudre pratiquement d'une manière certaine la question des poutres à travées solidaires.

REMARQUE. — Pour choisir convenablement α et β, on se basera sur les observations suivantes :

Si (*fig.* 21) les moments fléchissants sont nuls sur tous les appuis, les moments relatifs aux autres points de la poutre sont représentés par les ordonnées de trois paraboles AEB, BFC, CGD comptées à partir de la ligne ABCD ;

Si les moments sur les appuis centraux sont positifs, les moments correspondant aux autres parties de la poutre sont encore représentés par les ordonnées des mêmes courbes, mais comptées à partir de la ligne AB'C'D située au-dessus de ABCD ;

Si, enfin, les moments sur les appuis 2 et 3 sont négatifs, les moments relatifs aux différents points de la poutre seront toujours représentés par les ordonnées des trois courbes AEB, BFC, CGD, mais comptées à partir de la ligne AB"C"D, située au-dessous de ABCD.

Le choix de α et de β reviendra donc à tracer la ligne AB"C"D, de manière à avoir des moments fléchissants aussi faibles que possible.

IX

CALCUL DES EFFORTS INTÉRIEURS DANS UN MASSIF
DE MAÇONNERIE

Soit ABCD (*fig.* 22) un massif de maçonnerie. Dans ce massif considérons une section plane ab. La question que l'on a à résoudre habituellement consiste à trouver la répartition, entre les divers éléments de cette section, de la force F formant la résultante de toutes les forces extérieures appliquées au tronçon abCD.

Cette question, si l'on suppose, comme le cas se présente presque toujours dans la pratique, que la section ait un plan de symétrie et que la force F agisse dans ce plan, n'est autre que celle que nous avons traitée au numéro V, premier cas particulier, les points fixes étant ici représentés par les éléments de la section.

En ayant recours aux mêmes considérations que précédemment, on arriverait donc à montrer :

— Que le tronçon $abCD$ tend à tourner autour d'un axe o' parallèle au plan de la section, situé dans un plan mené perpendiculairement à la direction de la force F par le centre de gravité o de la section, et distant de ce même point d'une quantité égale à

$$\frac{I}{\delta s}, \qquad (a)$$

les lettres I, δ, s ayant les mêmes significations que précédemment ;

— Que, par suite, les forces agissant sur les différents points de la section sont perpendiculaires aux plans passant par l'axe o' et les rayons $o'a$, $o'p$, $o'q$, $o'o$, $o'b$;

— Enfin que l'effort par unité de surface correspondant à un point p défini par sa distance v à un axe mené par le point o, parallèlement à o', a pour valeur :

$$R_v = \sqrt{\left(\frac{F}{\delta}\right)^2 + \left(\frac{Mv}{I}\right)^2 + 2\frac{F}{S} \times \frac{Mv}{I} \cos A}, \qquad (b)$$

ou $R_v = \dfrac{Mv'}{I}$, en appelant v' la distance du point considéré à l'axe o'.

On trouve encore une autre expression de R_v en remarquant que, si l'on décompose la force F en deux autres, l'une normale à la section ab et égale à $F \sin \alpha$, l'autre tangentielle et égale à $F \cos \alpha$, la force R_v se trouve être la résultante de deux forces perpendiculaires entre elles et égales l'une à $\dfrac{F \cos \alpha}{S}$, l'autre à $\dfrac{F \sin \alpha}{S} + \dfrac{Mv}{I}$, en sorte que l'on a :

$$R_v = \sqrt{\left(\frac{F \cos \alpha}{S}\right)^2 + \left(\frac{F \sin \alpha}{S} + \frac{Mv}{I}\right)^2}.$$

Si, dans la formule (b), on fait $\Lambda = o$, ce qui revient à supposer la force normale à la section, cette formule devient :

$$R_\nu = \frac{F}{S} + \frac{M\nu}{I}. \tag{c}$$

Dans ce cas, en effet, l'axe o' se trouve situé dans le plan de la section et les forces suivent la loi du trapèze.

Si, de plus, on suppose que la section ab ait la forme d'un rectangle ayant pour côtés $ab = n$, $bc = m$, l'expression (c) devient elle-même :

$$R_\nu = \frac{F}{mn}\left(1 + \frac{12\delta\nu}{n^2}\right). \tag{d}$$

Dans cette formule, si l'on fait successivement :

$$v = -\frac{n}{2} \quad \text{et} \quad v = +\frac{n}{2}.$$

on trouve :

$$R_a = \frac{F}{mn}\left(1 - \frac{6\delta}{n}\right),$$

qui représente l'effort appliqué en a, et

$$R_b = \frac{F}{mn}\left(1 + \frac{6\delta}{n}\right),$$

qui représente l'effort appliqué en b.

La seconde de ces expressions donne toujours des valeurs positives, mais la première donne des valeurs négatives, c'est-à-dire accuse des efforts de traction toutes les fois que δ est plus grand que $\frac{n}{6}$.

On conclut de là que, pour qu'aucun des éléments de la section ne soit soumis à des efforts de traction, il est nécessaire que le point d'application des forces extérieures appliquées au tronçon $abCD$ tombe dans le tiers moyen de la section ab.

Cette remarque est relative au cas où la force F est normale à la section, mais il est facile de voir qu'elle s'applique également au cas où la force est oblique.

En effet, la force F peut se décomposer en deux autres, l'une tangentielle et égale à $F \cos \alpha$, l'autre normale à la section et égale à $F \sin \alpha$, et, toutes deux, appliquées au même point de la section que la force F. Or, de ces deux forces, la force normale $F \sin \alpha$ est la seule qui tende à faire sortir les points de la section de leur plan. Pour qu'il n'y ait pas d'efforts de traction, il est donc nécessaire et suffisant que le point d'application de la force $F \sin \alpha$, et, par suite, celui de la force F tombe dans le tiers moyen de la section.

Dans la pratique, il est très important de ne pas soumettre les maçonneries à des efforts de traction, parce qu'elles ne présentent qu'une très faible résistance à ce genre d'efforts. Pour ce motif, quand la force est oblique, il est nécessaire, indépendamment de la condition relative à son point d'application, de prendre une autre précaution basée sur cette remarque que la force tangentielle $F \cos \alpha$ tend à faire sortir le point b du massif et, par conséquent, à produire un arrachement en ce point. Pour que cet arrachement ne puisse pas se produire, il est nécessaire que la direction de la force bb' appliquée au point b ne s'écarte pas plus de la normale que le parement BC. Si, dans la première étude d'un projet, cette condition n'était pas remplie, il faudrait, de toute nécessité, modifier la direction du parement au point b.

X

CALCUL D'UN BARRAGE EN MAÇONNERIE

Les formules du numéro précédent trouvent leur application dans le calcul des barrages en maçonnerie. Ce calcul consiste, comme l'on sait, à déterminer le profil le plus économique, c'est-à-dire le profil de moindre section capable de résister aux efforts qui tendent à détruire l'ouvrage et qui peuvent provoquer soit son renversement, soit la désagrégation des matériaux dont il est formé, soit enfin son glissement. C'est sur ce principe rationnel qu'est basée la méthode de calcul en usage. Mais cette méthode, dans son détail, donne lieu, suivant nous, à une double observation.

Premièrement, il n'y est habituellement tenu aucun compte des effets pouvant résulter de l'introduction de l'eau dans l'intérieur ou à la base de l'ouvrage, ce qui prouve que l'on admet que les maçonneries seront parfaitement pleines, et les matériaux employés, pierres et mortiers, absolument imperméables. Or il n'est aucun ingénieur qui ne sache que la maçonnerie de blocage, qui, à tous autres points de vue, est la meilleure que l'on puisse employer pour la construction des barrages, renferme toujours, quelque précaution que l'on prenne pour son exécution, de nombreux vides ; qu'à l'exception peut-être des matériaux granitiques, toutes les pierres employées dans l'art des constructions sont notablement poreuses, qu'enfin les mortiers eux-mêmes renferment toujours 20 à 25 0/0 de vide (¹).

<hr>

¹ On a donné bien des explications de la chute des barrages de l'Habra et de Bouzey ; on n'a peut-être pas assez remarqué que, dans

D'un autre côté, la forme courbe que l'on est conduit à adopter pour les parements présente les inconvénients suivants :

A l'aval, en cas de filtrations à la base ou vers la partie inférieure de l'ouvrage, l'empattement exagéré, qui est la conséquence de la forme courbe, développe outre mesure l'action des sous-pressions, et, toutes choses égales d'ailleurs, les rend beaucoup plus dangereuses que si le parement était simplement rectiligne.

A l'amont, l'inconvénient est beaucoup moins grave ; cependant les pressions supérieures étant horizontales et les pressions inférieures se rapprochant de la verticale, le parement, dans certains cas, peut avoir une tendance à s'ouvrir dans sa partie moyenne.

Pour ces raisons, eu égard à la nécessité de ne laisser ici, autant que possible, rien à l'imprévu, nous pensons qu'il importe de n'adopter que des parements rectilignes et de compléter les calculs habituels, de manière que les sous-pressions, en quelque point du massif qu'elles se produisent, et quelle que soit l'étendue de leur action, soient toujours équilibrées par le poids des maçonneries.

Dans ces conditions, le profil rationnel d'un barrage se détermine par les considérations suivantes :

Soient (*fig.* 23) :

ABCD, le profil du barrage supposé d'abord trapézoïdal ;

h, la hauteur de l'eau dans le réservoir, l'eau étant supposée affleurer le sommet du barrage ;

x, la largeur CD du barrage à sa partie supérieure ;

m, la distance de l'arête intérieure A au pied de la perpendiculaire DD' ;

ces deux ouvrages, les matériaux employés étaient des grès excessivement poreux. Les sous-pressions, qui ont été la conséquence de l'introduction de l'eau dans les vides de la pierre, peuvent n'être pas la principale cause de la chute, mais il est difficile d'admettre qu'elles n'y aient pas plus ou moins contribué.

n, la distance de l'arête extérieure B au pied de la perpendiculaire CC';

π, la densité de la maçonnerie rapportée à celle de l'eau, que nous supposerons égale à l'unité ;

K, le coefficient de stabilité adopté pour l'ouvrage.

Supposons le cas le plus défavorable, celui où des filtrations se sont produites dans toute l'étendue de la section AB, et examinons la question au point de vue de la résistance au renversement.

L'équation des moments, ceux-ci étant pris par rapport à l'arête extérieure B, donne :

$$\frac{Kh^3}{6} = \frac{mh}{2}\left(\frac{2m}{3} + x + n\right) + \frac{\pi mh}{2}\left(\frac{m}{3} + x + n\right)$$
$$+ \pi xh\left(\frac{x}{2} + n\right) + \frac{\pi n^2 h}{3} - \frac{(m + x + n)^2 h}{2}. \qquad (1)$$

Posons :

$$b = m + 2x + n. \qquad (2)$$

Si dans (1) nous remplaçons m par sa valeur tirée de (2), nous trouvons :

$$\frac{Kh^3}{6} = \frac{h}{2}(b - 2x - n)\left(\frac{2b}{3} - \frac{x}{3} + \frac{n}{3}\right) + \frac{\pi h}{2}(b - 2x - n)$$
$$\left(\frac{b}{3} + \frac{x}{3} + \frac{2n}{3}\right) + \pi xh\left(\frac{x}{2} + n\right) + \frac{\pi n^2 h}{3} - \frac{(b - x)^2}{2}h. \qquad (3)$$

Remarquons que, dans cette égalité, le premier membre représente le moment de renversement et le second le moment de stabilité. Le moment de stabilité varie donc avec x, les valeurs de π, h, b et n restant constantes. Pour avoir la valeur maxima de ce moment, prenons la dérivée du second membre par rapport à x ; nous trouvons à un facteur constant près :

$$x - \frac{b - n}{2}.$$

La plus petite valeur que l'on puisse attribuer ici à x est $x = o$, puisqu'elle doit être positive, et la plus grande est $x = \dfrac{b - n}{2}$, puisque, si elle était plus grande, le parement intérieur surplomberait, ce que nous ne pouvons admettre. Mais, l'expression $x = \dfrac{b - n}{2}$ étant négative, et, par suite, la fonction primitive décroissante de $x = o$ à $x = \dfrac{b - n}{2}$, il s'ensuit que le moment maximum correspond à $x = o$. Ce qui montre déjà que, pour une même section, la forme triangulaire présente plus de stabilité que la forme trapézoïdale.

La forme triangulaire étant admise, voyons quelle relation doit exister entre h, b et n pour que le moment de stabilité soit le plus grand possible.

Faisons $x = o$ dans (3), cette égalité devient :

$$\frac{Kh^3}{6} = \frac{h}{2}(b - n)\left(\frac{2b}{3} + \frac{n}{3}\right) + \frac{\pi h}{2}(b - n)\left(\frac{b}{3} + \frac{2n}{3}\right) + \frac{\pi n^2 h}{3} - \frac{b^2 h}{2}. \qquad (4)$$

Les quantités h et b restant constantes, si on prend la dérivée du second membre par rapport à n, on trouve, à un facteur constant près :

$$\frac{b}{2}(\pi - 1) - n.$$

Cette expression est positive pour toute valeur de n plus petite que $\dfrac{b}{2}(n - 1)$ et négative pour toute valeur plus grande.

Le maximum de la fonction correspond donc à :

$$n = \frac{b}{2}(\pi - 1). \qquad (5)$$

Remplaçant n par sa valeur dans (4), il vient :

$$b = h \sqrt{\frac{4K}{(\pi - 1)(\pi + 3)}}. \qquad (6)$$

Le profil de moindre section correspondant à une hauteur donnée h et à un coefficient de stabilité K est donc, en résumé, un triangle défini par les égalités (5) et (6).

Il s'agit maintenant de savoir dans quelles conditions un semblable profil peut résister aux efforts qui tendent à le désagréger.

A cet effet, commençons par déterminer, en fonction des données b, h, π et k, la valeur, le point d'application sur AB et la direction de la résultante F des forces extérieures qui sollicitent le massif (*fig.* 24).

Ces forces sont :

La poussée $\dfrac{h^2}{2}$, dirigée horizontalement et distante de la. section AB d'une quantité égale à $\dfrac{h}{3}$;

Puis les forces verticales suivantes :

$\dfrac{bh}{4}(3 - \pi)$, force qui représente le poids du prisme liquide AA'C et qui est appliquée en un point E de AB distant du centre de gravité O de AB d'une quantité :

$$OE = \frac{b}{2} - \frac{1}{3} \times \frac{b}{2}(3 - \pi) = \frac{\pi b}{6},$$

et $\dfrac{\pi bh}{2}$, force qui représente le poids du massif ABC et qui est appliquée en un point E' distant de O d'une quantité :

$$OE' = \frac{1}{3}\left[\frac{b}{2}(\pi - 1) - \frac{b}{2}\right] = \frac{\pi b}{6} - \frac{b}{3}.$$

Ces deux dernières se composent en une seule qui a pour
valeur :

$$\frac{bh}{4}(3 - \pi) + \frac{\pi bh}{4} = \frac{bh}{4}(\pi + 3),$$

et qui est appliquée en un point E″ distant du point O d'une
quantité :

$$OE'' = \frac{\dfrac{bh}{4}(3 - \pi) \times \dfrac{\pi b}{6} + \dfrac{\pi bh}{2}\left(\dfrac{\pi b}{6} - \dfrac{b}{3}\right)}{\dfrac{bh}{4}(\pi - 3)} = \frac{\pi b(\pi - 1)}{6(\pi + 3)}.$$

La force cherchée F est, en définitive, la résultante des deux
forces $\frac{h^2}{2}$ et $\frac{bh}{4}(\pi + 3)$, qui sont perpendiculaires entre elles ;
elle a donc pour valeur :

$$F = \sqrt{\left(\frac{h^2}{2}\right)^2 + \overline{\frac{bh}{4}(\pi + 3)}^2} = \frac{h^2}{2}\sqrt{\frac{(\pi - 1) + K(\pi + 3)}{\pi - 1}};$$

elle est appliquée en un point G distant du point O d'une
quantité :

$$GO = GE'' - OE'' = \frac{h^2}{2} \times \frac{\dfrac{h}{3}}{\dfrac{bh}{4}(\pi + 3)} - \frac{\pi b(\pi - 1)}{6(\pi + 3)}$$

$$= \frac{b[(\pi - 1)(\pi + 3) - \pi K(\pi - 1)]}{6K(\pi + 3)},$$

et son inclinaison sur la verticale est :

$$\operatorname{tg} \alpha = \frac{\dfrac{h^2}{2}}{\dfrac{bh}{4}(\pi + 3)} = \sqrt{\frac{\pi - 1}{K(\pi + 3)}}.$$

Cette force tend à faire tourner le massif ABC autour d'un axe horizontal O' distant de O d'une quantité :

$$OO' = \frac{I}{\delta s} = \frac{\dfrac{b^3}{12}}{OG \times \cos\alpha \times b} = \frac{bK(\pi+3)}{2[(\pi-1)(\pi+3) - \pi K(\pi-1)]\cos\alpha}.$$

Les forces agissant sur les éléments de AB sont ainsi perpendiculaires aux rayons O'A, O'O, O'B.

Nous avons fait remarquer, au numéro précédent, qu'il était nécessaire qu'il n'y eût pas d'effort de traction. Pour qu'il en soit ainsi, il faut que Aa, qui représente la direction de l'effort exercé en A, soit situé au-dessous de AB ; il faut, par conséquent, que le point O' se projette en un point O" à gauche du point A. On doit donc avoir :

$$OO'' = OO' \cos\alpha = \frac{bK(\pi+3)}{2[(\pi-1)(\pi+3) - K\pi(\pi-1)]} > \frac{b}{2},$$

ou :

$$K(\pi+3) - (\pi-1)(\pi+3) + K\pi(\pi-1) > 0.$$

Pour voir si cette inégalité est satisfaite, attribuons aux lettres K et π les valeurs numériques qu'elles ont dans la pratique.

Dans les ponts en maçonnerie, on fait habituellement K = 1,50, pour les culées et les piles formant culées, et K = 1, pour les autres piles. Ici, à cause du cas extrême dans lequel nous nous sommes placés, celui où des filtrations se seraient produites dans toute l'étendue de la section, on aura une réserve de stabilité suffisante en faisant K = 1,25.

Quant à π, qui représente la densité de la maçonnerie rapportée à celle de l'eau, on sait qu'elle varie entre 2,1 et 2,3.

Dans l'inégalité précédente, faisons donc $K = 1,25$, et successivement :

$$\pi = 2,1 \qquad \text{et} \qquad \pi = 2,3.$$

On aura :

Pour $\pi = 2,1$:

$$K(\pi + 3) - (\pi - 1)(\pi + 3) + K\pi(\pi - 1) = + 3,6525;$$

et pour $\pi = 2,3$:

$$K(\pi + 3) - (\pi - 1)(\pi + 3) + K\pi(\pi - 1) = + 3,4725.$$

Il n'y a donc pas d'effort de traction.

On peut s'en assurer encore en constatant que, avec les valeurs que nous avons attribuées à π et à K, le point G tombe nécessairement dans le tiers moyen de AB.

En effet, l'expression

$$OG = \frac{b\left[(\pi - 1)(\pi + 3) - K\pi(\pi - 1)\right]}{6K(\pi + 3)}$$

devient, pour $\pi = 2,1$:

$$OG = \frac{b}{6} \times 0,427;$$

pour $\pi = 2,2$:

$$OG = \frac{b}{6} \times 0,451;$$

pour $\pi = 2,3$:

$$OG = \frac{b}{6} \times 0,477.$$

Nous venons d'envisager le cas du réservoir plein. Si le réservoir était vide, la résultante des forces qui sollicitent le massif tomberait au point E″, distant du point O d'une quantité :

$$OE'' = \frac{\pi b(\pi - 1)}{6(\pi + 3)}.$$

Cette quantité étant plus petite que $\dfrac{b}{6}$ pour les valeurs

de π que nous avons indiquées ci-dessus, il s'ensuit encore qu'on n'aura que des efforts de compression.

Revenons au cas du réservoir plein.

Pour qu'il n'y ait aucun effort d'arrachement sur le parement extérieur BC, il faut que la ligne Bb, qui représente la direction de l'effort exercé sur l'élément B, ne soit pas plus éloignée de la verticale que ne l'est la ligne BC.

Or on a :

$$\operatorname{tg} BCD = \operatorname{tg} \alpha' = \frac{BD}{CD} = \frac{\dfrac{b}{2}(\pi - 1)}{h} = \sqrt{\frac{K(\pi - 1)}{\pi + 3}}.$$

D'un autre côté, l'angle bBb' est égal à l'angle O''BO', lequel est plus petit que O''OO' $= \alpha$. Mais on a :

$$\frac{\operatorname{tg} \alpha'}{\operatorname{tg} \alpha} = \frac{\sqrt{\dfrac{K(\pi - 1)}{\pi + 3}}}{\sqrt{\dfrac{\pi - 1}{K(\pi + 3)}}} = K.$$

La quantité K étant plus grande que 1, l'angle α' est plus grand que l'angle α; à plus forte raison, est-il plus grand que l'angle bBb'. Il n'y aura donc pas d'effort d'arrachement.

Voyons maintenant jusqu'à quelle hauteur peut être élevé le barrage, sans qu'on ait à craindre sa rupture par écrasement.

Quand le réservoir est vide, c'est le point A qui est le plus chargé; quand il est plein, au contraire, c'est au point B que se produit le plus grand effort. Comme ce dernier est plus grand que le premier, nous envisagerons seulement le cas du réservoir plein.

La force appliquée au point B résulte de la répartition de la force F entre tous les éléments de AB. La force F pouvant se décomposer en deux autres, l'une verticale égale à $F \cos \alpha$, et l'autre horizontale égale à $F \sin \alpha$, la force appliquée en B est la résultante :

D'une force verticale égale à :

$$\frac{F \cos \alpha}{b}\left(1 + \frac{60G}{b}\right) = \frac{h}{4}(\pi + 3)\left[1 + \frac{(\pi - 1)(\pi + 3) - K\pi(\pi - 1)}{K(\pi + 3)}\right]$$
$$= \frac{h}{4K}[(\pi - 1)(\pi + 3) + K(\pi + 1)(3 - \pi)];$$

et d'une force horizontale égale à :

$$\frac{F \sin \alpha}{b} = \frac{F}{b}\sqrt{\frac{\pi - 1}{K(\pi + 3) + \pi - 1}} = \frac{h}{4}\sqrt{\frac{(\pi + 3)(\pi - 1)}{K}}.$$

Elle a donc pour valeur :

$$R = \frac{h}{4K}\sqrt{(\pi - 1)(\pi + 3) + K(\pi + 1)(3 - \pi)^2 + K(\pi - 1)(\pi + 3)}.$$

Si l'on remplace π et K par les valeurs que nous avons déjà indiquées, on trouve par centimètre carré :

Pour $\pi = 2,1$:
$$R_1 = 1,895h ;$$
pour $\pi = 2,2$:
$$R_2 = 1,971h ;$$
pour $\pi = 2,3$:
$$R_3 = 2,042h.$$

La charge limite que l'on admet dans la pratique pour la maçonnerie de moellons varie de 14 à 20K. Si l'on prend le plus petit de ces deux chiffres, on trouve :

Pour le premier cas :
$$h = 73^{m},88 ;$$
pour le second :
$$h = 71^{m},03 ;$$
et pour le troisième :
$$h = 68^{m},56.$$

Reste la question de glissement. Pour éviter le glissement, il suffit de disposer les assises de la maçonnerie de manière que la normale à leur direction fasse avec la résultante des forces qui agissent sur la partie du massif situé au-dessus de chaque assise, un angle égal au plus à l'angle formant la limite du frottement. L'angle que l'on admet habituellement est celui dont la tangente est égale à 0,75. Mais nous devons faire observer que ce chiffre est le résultat d'expériences faites avec des pierres ou des blocs de maçonnerie plus ou moins dressés suivant les surfaces en contact. Or, dans la maçonnerie employée dans la construction des barrages, les pierres sont enchevêtrées les unes dans les autres, en sorte qu'aucun glissement ne saurait se produire sans être accompagné de cisaillement. Le coefficient 0,75 est donc nécessairement beaucoup trop faible. Admettons-le, cependant, et voyons, dans ce cas, quelle devrait être l'inclinaison des assises pour qu'il n'y ait pas glissement.

Soient (*fig.* 25) : AE, la direction des assises de la maçonnerie ; GV, une verticale ; GK, la normale à AE ; et GR, la direction de la résultante des forces sollicitant le massif AEC ; on devra avoir :

$$\operatorname{tg} KGR = \frac{\operatorname{tg} KGV - \operatorname{tg} EAB}{1 + \operatorname{tg} KGV \cdot \operatorname{tg} EAB} < 0,75.$$

Appelons x l'angle EAB ; y, la perpendiculaire EF abaissée du point E sur AB ; p et q, les segments AF et FB.

La force dirigée suivant GK est la résultante des forces suivantes :

$\dfrac{h^2}{2}$, force représentant la poussée horizontale du liquide ;

$\dfrac{bh}{4}\,(3 - \pi)$, force verticale représentant le poids du prisme liquide A'AC ;

$\dfrac{nb}{2}\,(h - y)$, force verticale représentant le poids du massif AEC ;

$AE\left(h - \dfrac{y}{2}\right) : \dfrac{y}{\sin\alpha}\left(h - \dfrac{y}{2}\right)$, force représentant la sous-pression normale à AE.

Mais cette dernière peut se décomposer en deux autres : l'une, horizontale, égale à $y\left(h - \dfrac{y}{2}\right)$ et qui doit être prise avec le signe —, puisqu'elle agit en sens contraire de la poussée ; l'autre, égale à $\dfrac{y}{\operatorname{tg}\alpha}\left(h - \dfrac{y}{2}\right)$, qui doit être également prise avec le signe —, puisqu'elle agit de bas en haut.

Les forces sollicitant le massif AEC peuvent ainsi se réduire à deux :

L'une horizontale et égale à :

$$\frac{h^2}{2} - y\left(h - \frac{y}{2}\right) ;$$

l'autre verticale et égale à :

$$\frac{bh}{4}(3 - \pi) + \frac{\pi b}{2}(h - y) - \frac{y}{\operatorname{tg}\alpha}\left(h - \frac{y}{2}\right).$$

On a donc :

$$\operatorname{tg}KGV = \frac{\dfrac{h^2}{2} - y\left(h - \dfrac{y}{2}\right)}{\dfrac{bh}{4}(3 - \pi) + \dfrac{\pi b}{2}(h - y) - \dfrac{y}{\operatorname{tg}\alpha}\left(h - \dfrac{y}{2}\right)} = \frac{2(h - y)^2 \operatorname{tg}\alpha}{bh(3 - \pi)\operatorname{tg}\alpha + 2\pi b(h - y)\operatorname{tg}\alpha - 2y(2h - y)}.$$

et par suite :

$$\operatorname{tg}KGR = \frac{\dfrac{2(h - y)^2\operatorname{tg}\alpha}{bh(3 - \pi)\operatorname{tg}\alpha + 2\pi b(h - y)\operatorname{tg}\alpha - 2y(2h - y)} - \operatorname{tg}\alpha}{1 + \operatorname{tg}\alpha \dfrac{2(h - y)^2\operatorname{tg}\alpha}{bh(3 - \pi)\operatorname{tg}\alpha + 2\pi b(h - y)\operatorname{tg}\alpha - 2y(2h - y)}},$$

ou :

$$\operatorname{tg} KGR$$
$$= \frac{\operatorname{tg}\alpha\,[2\,(h-y)^2 - [\operatorname{tg}\alpha\,[bh\,(3-\pi) + 2\pi b\,(h-y)] - 2y\,(2h-y)]}{\operatorname{tg}\alpha\,[bh\,(3-\pi) + 2\pi b\,(h-y)] - 2y\,(2h-y) + 2\,(h-y)^2\operatorname{tg}^2\alpha}. \quad (1)$$

D'un autre côté, on a :

$$p = \frac{y}{\operatorname{tg}\alpha} \qquad \text{et} \qquad q = y\,\frac{\frac{b}{2}(\pi-1)}{y}.$$

d'où l'on tire, après avoir ajouté ces deux égalités membre à membre :

$$y = \frac{2bh\operatorname{tg}\alpha}{2h + b\,(\pi-1)\operatorname{tg}\alpha}. \quad (2)$$

Enfin nous avons établi précédemment la relation suivante :

$$b = h\sqrt{\frac{4K}{(\pi-1)(\pi+3)}}. \quad (3)$$

Or, en faisant $K = 1,25$, $\pi = 2,2$ et $\operatorname{tg}\alpha = \frac{1}{4}$ dans (3), (2) et (1), on trouve :

$$b = 0,896h,$$
$$y = 0,1974h,$$

et

$$\operatorname{tg} KGR = 0,759.$$

Pour éviter le glissement, il suffira donc de maçonner les assises suivant une inclinaison de 1 sur 4.

En résumé, jusqu'à une hauteur de 70 mètres environ, la forme rationnelle d'un barrage est un triangle défini par les relations suivantes :

$$b = h\sqrt{\frac{4K}{(\pi-1)(\pi+3)}},$$
$$m = \frac{b}{2}(3-\pi), \qquad \text{ou} \qquad n = \frac{b}{2}(\pi-1),$$

b et h étant la base et la hauteur du triangle; m et n, les segments obtenus en abaissant une perpendiculaire du sommet sur la base; π, la densité de la maçonnerie; et K, le coefficient de stabilité.

Les figures 26, 27 et 28 représentent avec l'indication des efforts sur la base le profil d'un barrage de 70 mètres de hauteur dans le cas de $\pi = 2{,}1$, $\pi = 2{,}2$ et $\pi = 2{,}3$.

Le cube de la maçonnerie, par mètre courant, non compris celui de la fondation et non compris celui de la plateforme supérieure, s'exprime par la formule :

$$C = h^2 \sqrt{\frac{K}{(\pi - 1)(\pi + 3)}}.$$

Avec le coefficient de stabilité K $= 1{,}25$, on a donc :
Pour $\pi = 2{,}1$:

$$C_1 = 0{,}4729 h^2,$$

pour $\pi = 2{,}2$:

$$C_2 = 0{,}4475 h^2,$$

pour $\pi = 2{,}3$:

$$C_3 = 0{,}4259 h^2.$$

XI

CALCUL DES EFFORTS MOLÉCULAIRES DANS UN ARC MÉTALLIQUE

Le calcul des efforts moléculaires dans un arc métallique nécessite la connaissance préalable de la réaction des culées. On détermine habituellement cette réaction au moyen de formules ou de méthodes graphiques déduites des principes de la résistance des matériaux[1]. En raison de l'incertitude des résultats ainsi obtenus, nous croyons utile de donner ici, pour le cas où l'arc repose sur deux articulations, une méthode basée exclusivement sur les principes de la statique en supposant l'arc absolument rigide.

Pour bien préciser les principes sur lesquels repose cette méthode, nous résoudrons d'abord le problème de statique suivant :

Une barre rigide mn, sollicitée par une force verticale P, a ses extrémités appuyées sur deux plans dépolis OA et OB également inclinés sur l'horizon ; la barre est en équilibre dans la position horizontale, et le coefficient de frottement est le même pour les deux plans ; on demande de déterminer la direction et l'intensité des réactions exercées sur la barre.

Dans cette question, deux cas sont à distinguer, suivant que le point d'application de la force P tombe ou ne tombe pas au milieu de la barre.

PREMIER CAS. — Si le point d'application de la force tombe au milieu de la barre (*fig.* 19), cette dernière n'ayant aucune tendance à s'incliner, ni dans un sens, ni dans l'autre, se trouvera en équilibre horizontalement sans provoquer aucun frottement. Les réactions exercées sur les extrémités de la barre par les plans OA et OB seront donc normales à ces plans.

Pour avoir la grandeur de ces réactions, on tracera (*fig.* 30) une verticale $m_1 n_1$ représentant à une échelle donnée la force P, puis par les points m_1 et n_1 on mènera des

---

[1] Sauf dans le cas où l'arc est articulé aux naissances et au sommet. Mais alors ce n'est pas, à proprement parler, à un arc que l'on a affaire, mais à une ferme simple comprenant deux arbalétriers plus ou moins courbes. Ce qui seul différencie l'arc de la poutre droite, c'est que cette dernière a ses extrémités posées sur des plans horizontaux, tandis que l'arc a les siennes appuyées sur des plans inclinés.

parallèles à mc et nc. Les lignes m_1c_1, n_1c_1 représenteront en grandeur et en direction les réactions cherchées.

Remarquons que, les normales mc et nc étant également inclinées sur la verticale, il s'ensuit que les réactions m_1c_1, n_1c_1 sont égales.

DEUXIÈME CAS. — Si le point d'application de la forme P tombe en un point G (*fig.* 31) non situé au milieu de la barre, celle-ci tendra à glisser en tournant autour du point C dans le sens indiqué par le moment de la force P par rapport à ce même point C. Elle ne pourra, dès lors, se maintenir en équilibre horizontalement que par le moyen des efforts tangentiels développés par le frottement.

Ces efforts devant faire équilibre au couple $P \times CD$, il s'ensuit que leur effet total n'est autre que celui d'une force $F = \dfrac{P \times CD}{Cm}$, qui serait appliquée tangentiellement au cercle décrit du point C comme centre, avec Cm pour rayon. Il s'agit de savoir comment cette force se répartit entre les points m et n.

A cet effet, considérons (*fig.* 32) une roue à jantes dépolies, sur laquelle agissent un nombre quelconque n de freins a, b, c, d, e, identiques et exerçant sur la roue la même pression p. Si l'on applique à la roue un effort tangentiel F, tous les freins opposeront au mouvement de la roue une même résistance $\dfrac{F}{n}$, que la roue glisse ou qu'elle soit ou ne soit pas sur le point de glisser. Mais, le frottement étant indépendant des surfaces en contact, nous pouvons, sans rien changer aux conditions d'équilibre de la roue, réunir plusieurs freins en un seul, par exemple, d'une part, les freins a, b, c qui exerceront une pression $3p$ et qui opposeront une résistance $\dfrac{3F}{n}$; de l'autre, les freins d et e, qui exerceront une pression $2p$ et opposeront une résistance $\dfrac{2F}{n}$.

Donc, lorsque plusieurs freins formés de même matière agissent sur une même roue, les efforts tangentiels qu'ils produisent sont proportionnels aux pressions exercées par eux sur la roue.

Or, si nous revenons à la figure 31, nous voyons que la barre mn peut être considérée comme faisant partie d'un cercle ayant son centre en C et Cm pour rayon et sur lequel agissent deux freins, qui ne sont autres que les plans d'appui OA et OB. La force tangentielle $F = \dfrac{P \times CD}{Cm}$ se répartit donc entre m et n proportionnellement aux pressions exercées en ces points. D'où il suit que les réactions totales font des angles égaux avec les normales correspondantes.

Mais ces réactions doivent se couper sur la direction de la force P, puisqu'elles font équilibre à cette force. Donc si, par les points m, c, n, on fait passer un cercle, les lignes Km et Kn obtenues en joignant aux points m et n le point d'intersection K du cercle avec la force P représenteront la direction des réactions.

Pour avoir leur valeur, on tracera comme précédemment (*fig.* 33) une verticale $m_1 n_1$ représentant à une échelle donnée la force P. Les lignes K$_1 m_1$ et n_1K$_1$ menées parallèlement à mK et nK représenteront en grandeur et en direction les réactions cherchées.

Remarquons que, dans tout ce qui vient d'être dit, dans le premier cas comme dans le second, il n'a été fait aucune hypothèse sur la forme particulière de la barre mn. Les conclusions auxquelles nous sommes arrivés s'appliquent donc à une barre courbe, c'est-à-dire à un arc, comme à une barre droite, pourvu que cet arc soit rigide.

Observons, en outre, que, pour qu'il n'y ait pas glissement, il est nécessaire que l'angle que forment les réactions avec les normales correspondantes ne soit pas plus grand que l'angle de frottement de la barre sur ses appuis. S'il n'en était pas ainsi, le couple de rotation étant plus grand que le couple de frottement, l'équilibre serait rompu et la barre se mettrait en mouvement.

Dans la pratique, on s'assure contre cette éventualité en disposant les extrémités de l'arc en articulations, ce qui revient, au point de vue géométrique, à placer sur les plans d'appui, immédiatement au-dessus et immédiatement au-dessous de chacune des extrémités de l'arc, un point fixe.

Si le frottement ne suffit pas pour maintenir l'équilibre, l'une des extrémités de l'arc presse contre le point situé au dessous, et l'autre contre le point situé au dessus.

Il est évident que les réactions de ces points sont égales entre elles, puisque ces points ayant des masses infiniment grandes, c'est-à-dire des masses égales, les accélérations dans le mouvement qu'ils tendent à prendre sous l'action du couple de rotation de la barre sont égales entre elles.

Mais, quand les réactions des points fixes sont mises en jeu, les réactions totales ne peuvent plus être obtenues au moyen de la construction de la figure 33; on devra alors avoir recours à celle qu'indique la figure 35.

Les lignes qui composent cette dernière sont :

$n_1 m_1$, une ligne verticale représentant la force P;

$c_1 \gamma_1$ une horizontale menée par un point c_1 choisi de telle manière que $c_1 n_1$ et $c_1 m_1$ soient proportionnels aux segments mq et nq de la corde de l'arc (*fig.* 34) déterminés par le point d'application de la force P ;

$m_1 p_1$, $n_1 p_1$, deux droites menées par les points m_1, n_1 parallèlement aux lignes mp, np formant avec les normales mc, nc un angle égal à l'angle de frottement de l'arc sur ses appuis;

$m_1 q_1$, $n_1 q_1$ deux droites parallèles aux normales mc, nc ;

ac, bc, deux lignes menées par les points d'intersection a et b de $m_1 p_1$ et $n_1 p_1$ avec $c_1 \gamma_1$, parallèlement aux plans d'appui OA et OB, et, par conséquent, normalement à $m_1 q_1$ et $n_1 q_1$;

$p_1 c$, une ligne obtenue en joignant le point d'intersection p_1

de m_1p_1 et n_1p_1 au point d'intersection c de ac et bc;

de, df, deux lignes menées, par le point d'intersection d de la ligne précédente et de $c_1\gamma_1$, parallèlement à ac et bc;

Enfin dn_1 et dm_1, deux lignes obtenues en joignant ce point aux points m_1 et n_1.

Il est facile de voir que dn_1 et dm_1 représentent en grandeur et en direction les réactions cherchées.

En effet, ces réactions sont déterminées par les conditions suivantes :

$a)$ Comme elles font équilibre à la force P, la somme de leurs projections horizontales doit être nulle, la somme de leurs projections verticales doit être égale à P, et elles doivent se couper sur la direction de cette dernière force ;

$b)$ Leurs composantes tangentielles doivent être composées de deux parties, l'une représentant la réaction due au frottement, l'autre celle due aux points fixes.

Or :

1° La somme des projections verticales des lignes n_1d et m_1d est égale à m_1n_1, qui représente la force P; de plus, la somme des projections horizontales de ces mêmes lignes est nulle, puisque l'une est représentée par $+ c_1d$, et l'autre par $- c_1d$;

2° Si, par les points m et n, on mène des parallèles à m_1d et n_1d, ces lignes se couperont au même point K de la direction de la force P; car, si on considère qK comme faisant partie du triangle Kqn, les deux triangles Kqn, n_1c_1d étant semblables, on a :

$$Kq = \frac{n_1c_1 \times nq}{c_1d};$$

de même, si on considère qK comme faisant partie du triangle Kqm_1, les deux triangles Kqm et c_1m_1d étant semblables, on a :

$$Kq = \frac{c_1m_1 \times mq}{c_1d} = \frac{n_1c_1 \times nq}{c_1d},$$

puisque, c_1n_1 et c_1m_1 étant proportionnels à mq et nq, il s'ensuit que :

$$c_1n_1 \times nq = c_1m_1 \times mq ;$$

3° Les composantes tangentielles des forces représentées par m_1d et n_1d sont représentées par les lignes de et df, et ces deux lignes sont composées de deux parties : l'une, ee' dans de et ff' dans df, représentant l'action due au frottement, puisque, par construction, les angles $e'm_1e$ et $f'n_1f$ sont égaux à l'angle de frottement ; l'autre, de' dans de et df' dans df, représentant l'action due aux points fixes, puisque de' et df', étant parallèles aux lignes cb et ca qui sont égales entre elles, sont elles-mêmes égales entre elles.

Les lignes m_1d et n_1d représentent donc bien les réactions totales aux points m et n.

Remarque I. — Au lieu de quatre points fixes, on pourrait n'en avoir que deux, mais tous deux placés soit au-dessus, soit au-dessous de l'arc. S'ils étaient placés au-dessous, les réactions seraient représentées par bm_1 et bn_1. Mais ce ne serait pas là un avantage, car, leurs directions se rapprochant de la verticale, les moments fléchissants de l'arc augmenteraient.

Remarque II. — Si, les points d'arrêt étant au nombre de quatre, les surfaces d'appui et les extrémités de l'arc étaient tellement polies qu'il n'y eût point de frottement, les réactions seraient représentées par d_1m_1 et d_1n_1, qui s'éloignent un peu plus de la verticale que dn_1 et dm_1 ; elles auraient ainsi une direction plus favorable.

Comme le frottement a pour conséquence nécessaire un petit déplacement relatif des surfaces en contact dû à une déformation tangentielle de ces surfaces, on réalisera le cas de l'absence de frottement en s'opposant à cette déformation tangentielle, résultat qui pourra être obtenu en assurant un contact parfait entre les points fixes et les extrémités de l'arc. Dans ce but, on devra, au moyen de clefs cc (*fig.* 36) disposées en forme de coins et chassées au refus, serrer fortement la rotule contre les parois de son alvéole. Mais ces clefs ne devront être placées qu'au dernier moment, le travail complètement achevé et les arcs supportant au moins toute leur charge permanente, car, pour que le calcul soit applicable, il importe que les extrémités de l'arc portent sur les plans d'appui, comme si les points fixes n'existaient pas. Cette disposition présente encore cet avantage qu'elle permet de s'affranchir de la considération des lois du frottement, qui, bien qu'elles soient admises en statique, ne sont, en somme, que des lois empiriques.

Calculs des efforts moléculaires. — Ayant déterminé les réactions des culées, on connaîtra toutes les forces extérieures appliquées à l'arc. Les efforts moléculaires dans une section mn (*fig.* 37) se détermineront alors en composant l'une des réactions AB avec la résultante CP des charges appliquées à l'arc entre l'appui A et la section mn, et en répartissant entre les divers éléments de la section mn la résultante CK ainsi obtenue.

En sorte que, si on appelle :

F, la force dirigée suivant CK ;

α, l'angle formé par CK et mn ;

ω, l'aire de la section mn ;

I, son moment d'inertie par rapport à l'axe horizontal o passant par son centre de gravité ;

Et M, le moment de la force F par rapport à ce même axe, l'effort, en un point de la section distant d'une quantité v de l'axe horizontal o, aura pour expression :

$$R = \sqrt{\left(\frac{F \cos \alpha}{\omega}\right)^2 + \left(\frac{F \sin \alpha}{\omega} + \frac{Mv}{I}\right)^2}. \qquad (A)$$

Dans les calculs pratiques, comme on a à déterminer les efforts moléculaires dans un grand nombre de sections, pour trouver rapidement dans chacune d'elles le point d'application de la force F, ainsi que la valeur $F \cos \alpha$ et $F \sin \alpha$, on pourra employer avantageusement la méthode graphique suivante :

Soient (*fig.* 38) :

ACB, l'arc considéré ;

1, 2, 3, ..., i, les différentes charges appliquées à l'axe ;

r et r', les réactions des culées ;

Et $m_1 n_1$, $m_2 n_2$, $m_3 n_3$, ..., $m_i n_i$, les sections suivant lesquelles on veut déterminer les efforts moléculaires.

Après avoir (*fig.* 39) porté sur une ligne verticale des longueurs 1_a, 2_a, 3_a, ..., i_a, proportionnelles aux charges 1, 2, 3, ..., i, et mené r_a et r'_a parallèles à r et à r', puis joint le point d'intersection Q aux extrémités des segments 1_a, 2_a, 3_a, ..., i_a, c'est-à-dire après avoir tracé le polygone des forces qui sollicitent l'arc, construisons le polygone funiculaire de ces mêmes forces, en menant, parallèlement aux lignes f_1, f_2, f_3, ..., f_i, les lignes f_a^1, f_a^2, f_a^3, ..., f_a^i (*fig.* 38). Les lignes f_1, f_2, f_3, ..., f_i, représentant en grandeur et en direction les forces appliquées aux sections $m_1 n_1$, $m_2 n_2$, $m_3 n_3$, ..., $m_i n_i$, ..., les lignes f_a^1, f_a^2, f_a^3, ..., f_a^i, représenteront les lignes d'action de ces forces. Le tracé du polygone f_a^1, f_a^2, f_a^3, ..., f_a^i, par l'intersection de ses côtés avec $m_1 n_1$, $m_2 n_2$, $m_3 n_3$, ..., $m_i n_i$, ..., fera donc connaître, pour chaque section, le point d'application de la force qui lui est propre.

Pour avoir les composantes $f \cos \alpha$ et $f \sin \alpha$, il est clair qu'il suffira, par les extrémités des lignes f_1, f_2, f_3, ..., f_i, de mener deux lignes, l'une parallèle, l'autre normale à la section considérée, la première représentant la composante $f \cos \alpha$, et l'autre la composante $f \sin \alpha$.

La construction que nous venons d'indiquer donne donc, d'une manière simple, le moyen de déterminer tous les éléments nécessaires, concurremment avec les données de la question, pour le calcul de la formule (A).

XII

STABILITÉ DES VOUTES

Nous nous proposons ici de donner une méthode pour vérifier la stabilité d'une voûte en maçonnerie, c'est-à-dire pour déterminer par la statique les actions mutuelles des voussoirs et les réactions des appuis.

Mais, d'abord, faisons une remarque. Soit MN (*fig.* 40) un solide appliqué contre un plan rigide AB et maintenu en équilibre par une force F. Si, dans ce solide, nous imaginons une section ab perpendiculaire à la force F; et si cette force tombe dans le tiers moyen de la section, elle se répartira suivant la loi du trapèze entre tous les éléments de ab, soit qu'on suppose la section réelle, soit qu'on la suppose simplement fictive. L'équilibre intérieur des deux tronçons, même supposés séparés par un joint réel, sera donc le même que si le solide restait formé d'une seule pièce.

Nécessairement il n'en sera plus de même :

1° Si la force F ne tombe pas dans le tiers moyen de ab, puisque, dans le cas où la section est simplement fictive, la force se répartit entre tous les éléments de ab, tandis que, si la section est réelle, la répartition ne se fait que sur une partie du joint ;

2° Si la force F, quel que soit, d'ailleurs, son point d'application, sauf, toutefois, le cas où il coïncide avec le centre de gravité de la section, est oblique par rapport au plan ab, puisque dans le cas où la section n'est que fictive, la composante tangentielle de la force F se répartit d'une manière égale entre tous les éléments, tandis que, dans le cas où la section est réelle, les deux tronçons glissent l'un sur l'autre, si l'on fait abstraction du frottement, ou, s'il y a frottement, la force F se répartit entre les divers éléments proportionnellement aux pressions exercées sur ces éléments, lesquelles ne sont égales que si la force F est appliquée au centre de gravité.

Ces remarques faites, considérons (*fig.* 41) une voûte formée d'un seul voussoir simplemen posé sur ses appuis, sans y être relié au moyen de mortier.

D'après ce que nous avons vu au numéro V (3°), si la résultante des charges passe entre les points o et o', obtenus par l'intersection, deux à deux, des lignes Ao, A'o et Bo', B'o', la voûte se tiendra en équilibre, et les réactions seront normales aux appuis.

Supposons qu'il en soit ainsi, et soit RR' cette résultante. Pour avoir les lignes d'action des réactions, il suffira de mener du point R les deux lignes Rα et Rβ normales aux plans d'appui.

Divisons la voûte au moyen de joints fictifs $m_1 n_1$, $m_2 n_2$, $m_3 n_3$, ..., $m_i n_i$, ... Pour avoir, en grandeur et en direction, les forces appliquées aux joints, on tracera le polygone des forces en portant sur une verticale CD (*fig.* 42) des longueurs 1_a, 2_a, 3_a, ..., proportionnelles aux charges 1, 2, 3, ..., particulières à chaque voussoir, puis en menant les lignes r_a, r_a', parallèles aux réactions des appuis, et enfin en joignant le point d'intersection Q aux extrémités de 1_a, 2_a, 3_a, ... Ceci fait, pour déterminer les lignes d'action de ces forces, il suffira, comme précédemment, de construire le polygone funiculaire f_1, f_2, f_3, ...

Ce polygone étant tracé, il est facile de voir que, si ses côtés ne sortent pas des joints et si, de plus, leur obliquité par rapport aux joints ne dépasse pas l'angle de frottement, on ne changera pas la position de cette ligne en transformant les joints fictifs en joints réels.

Pour le montrer, prenons d'abord le cas où les côtés

du polygone funiculaire sont perpendiculaires aux joints.

Si ces derniers sont coupés dans leur tiers moyen, la distribution intérieure des forces n'étant pas changée, la voûte, dans son état d'équilibre, continuera de se comporter comme si elle était toujours formée d'un voussoir unique. Le polygone funiculaire reste donc le même.

Si, au contraire, les joints sont coupés dans un de leurs tiers extrêmes, l'équilibre intérieur, d'après ce que nous avons vu plus haut, se trouve modifié, mais la voûte, dans son état d'équilibre, n'en reste pas moins assimilable au voussoir unique $\mathrm{A}abcdef\mathrm{B}\mathrm{C}hijnlm$ obtenu en choisissant les points h, e, i, l, de manière que tous les joints soient coupés dans leur tiers moyen. Or ce voussoir a la même ligne funiculaire que le voussoir complet ; donc encore le polygone funiculaire reste le même.

Passons, maintenant, au cas où les joints sont coupés obliquement.

Soit AB (*fig.* 44) la direction de la force F appliquée au joint mn. Pour répartir cette force entre les différents éléments du joint, décomposons-la en deux autres : l'une normale, qui sera égale à $\mathrm{F}\cos\alpha$, l'autre tangentielle, qui sera égale à $\mathrm{F}\sin\alpha$.

La force $\mathrm{F}\cos\alpha$ se répartissant suivant la loi du trapèze et la force $\mathrm{F}\sin\alpha$ se répartissant d'une manière égale entre tous les éléments du joint, si le joint est seulement fictif, et proportionnellement aux pressions normales si le joint est un joint réel, les composantes de la force appliquée à un élément a situé à une distance v de l'axe horizontal projeté au point o, centre de gravité de la section, auront pour valeurs :

— Dans le cas d'un joint fictif :

$$ab \text{ (composante normale)} = \left(\frac{\mathrm{M}v}{\mathrm{I}} + \frac{\mathrm{F}\cos\alpha}{s}\right)ds,$$

$$bc \text{ (composante tangentielle)} = \frac{\mathrm{F}\sin\alpha}{s}\,ds;$$

— Et dans le cas d'un joint réel :

$$ab \text{ (composante normale)} = \left(\frac{Mv}{I} + \frac{F \cos \alpha}{s} \right) ds,$$

$$bc' \text{ (composante tangentielle)} = \left(\frac{Mv}{I} + \frac{F \cos \alpha}{s} \right) ds \, \mathrm{tg} \, \alpha.$$

Or, si l'on compare ces deux groupes d'expressions entre eux, on remarque que, pour passer d'un joint fictif à un joint réel, il suffit d'appliquer aux différents éléments du joint des forces représentées par l'expression :

$$-(bc - bc') = - \left[\frac{F \sin \alpha}{s} ds - \left(\frac{Mv}{I} + \frac{F \cos \alpha}{s} \right) ds \, \mathrm{tg} \, \alpha \right].$$

Mais ces forces se font équilibre, puisque l'on a :

$$\int \frac{F \sin \alpha}{s} ds = F \sin \alpha,$$

et

$$\int \left(\frac{Mv}{I} + \frac{F \cos \alpha}{s} \right) ds \, \mathrm{tg} \, \alpha = F \sin \alpha,$$

et, par suite,

$$\int \left[\frac{F \sin \alpha}{s} ds - \left(\frac{Mv}{I} + \frac{F \cos \alpha}{s} \right) ds \, \mathrm{tg} \, \alpha \right] = 0.$$

Une voûte formée de voussoirs juxtaposés se comporte donc, lorsqu'elle est en équilibre, comme le ferait un voussoir unique dans lequel on aurait tracé des joints fictifs correspondant aux joints réels de la voûte et auquel on aurait ajouté des forces se faisant équilibre dans chaque joint. Le polygone funiculaire est donc le même, soit que les joints soient fictifs, soit qu'ils soient réels.

Ce principe étant établi, la question de la vérification de la stabilité d'une voûte se trouve résolue.

Le polygone funiculaire des charges étant déterminé comme si l'on avait affaire à un seul voussoir, si les côtés de ce polygone ne sortent pas des joints et si, de plus, leur obliquité par rapport aux joints ne dépasse pas l'angle de frottement, la voûte sera en équilibre. Alors, par la direction et l'intensité des réactions des appuis, on vérifiera si les culées peuvent résister au renversement, et, par la répartition des forces appliquées aux joints, on s'assurera que les voussoirs sont en mesure de résister à l'écrasement.

Remarque. — Dans tout ce que nous venons de dire, nous avons supposé les voussoirs simplement juxtaposés. Or, dans la pratique, ils sont toujours reliés au moyen de mortier. Cette disposition favorise beaucoup la stabilité de l'ouvrage, en réduisant notamment la poussée de la voûte, puisqu'on se rapproche alors du deuxième cas traité au numéro V.

TABLE DES MATIÈRES

TOURS

IMPRIMERIE DESLIS FRÈRES

6, rue Gambetta, 6